ÉLÉMENTS

DE LA

GRAMMAIRE FRANÇAISE

DE LHOMOND.

Em. Lecomte

Ménétru

TRAITÉ D'ACCENTUATION GRECQUE,

A l'usage des Élèves,

PAR LES MÊMES.

RHÉTORIQUE FRANÇAISE,

PAR LES MÊMES.

ÉLÉMENTS

DE LA

GRAMMAIRE FRANÇAISE

DE LHOMOND,

complétés et mis dans un ordre meilleur,

PAR

MM. Ém. LECOMTE ET MÉNÉTRIER,

Ex-Directeurs de l'institution de Vitteaux (Côte-d'Or),

Membres de la Société Asiatique de Paris.

NEUVIÈME ÉDITION, REVUE, CORRIGÉE,
ET AUGMENTÉE D'UN PETIT DICTIONNAIRE DES VERBES IRRÉ-
GULIERS, DÉFECTIFS OU DIFFICILES.

Prix de l'Ouvrage, cartonné : 60 centimes.

A PARIS,

CHEZ J. LECOFFRE, LIBRAIRE, RUE DU VIEUX-COLOMBIER, 29.

SE TROUVE AUSSI CHEZ LES AUTEURS, A VITTEAUX (CÔTE-D'OR).

1859.

COURS COMPLET

D'ENSEIGNEMENT GRAMMATICAL

Pour les trois langues classiques,

PAR LES MÊMES :

GRAMMAIRE FRANÇAISE complète, 9e édition. Prix . . . . 1 f. 55 c.

GRAMMAIRE FRANÇAISE de Lhomond, 9e édition, *complétée, mise dans un ordre meilleur, et augmentée d'un petit dictionnaire des verbes irréguliers, défectifs ou difficiles.* Prix, cart. . . . . 60 c.

NOTA. — Cette petite Grammaire est en harmonie parfaite avec la Grammaire française complète.

GRAMMAIRE LATINE de Lhomond, *un peu complétée et mise dans un ordre meilleur.* Prix, cart. . . . . 1 f. 65 c.

GRAMMAIRE GRECQUE, 3e édition. Prix, cart. . . . . . 3 f. » c.

NOTA. — Ces trois Grammaires, rapprochées l'une de l'autre, forment un cours d'enseignement grammatical complet, tel qu'il ne s'en est peut-être pas encore présenté de semblable. Quel avantage, en effet pour l'élève de pouvoir étudier constamment, pour ainsi dire, à l'école du même maître, et de retrouver dans ses trois Grammaires, autant que le permet la différence des trois langues, la même marche, le même ordre, les mêmes divisions et souvent les mêmes exemples!

PROSODIE LATINE, 5e édition. Prix, cart. . . . . 1 f. » c.

COURS COMPLET D'EXERCICES FRANÇAIS, 7e éditon Prix. 1 f. 35 c.

CORRIGE. Prix . . . . 1 f. 50 c.

PETIT COURS D'EXERCICES FRANÇAIS, 7e édition. Prix, cart. 60 c.

CORRIGE. Prix . . . . 75 c.

COURS DE THÈMES LATINS. Prix, cart. . . . . 1 f. 65 c.

CORRIGE. Prix. 2 f. 50 c.

Ces différents ouvrages sont adoptés dans un très-grand nombre de Maisons d'éducation, telles que :

1° LES PETITS-SÉMINAIRES de *Langres, Pignelin, Semur, Meximieux, Strasbourg, Vernoux, Saint-Chéron, Sainte-Garde, Blois, Saint-Memmie, Nozeroy, Malines* (Belgique), *Hoogstraeten* (Belgique), *Basse-Wavre* (Belgique), *Verdun-sur-Meuse, Auxerre, L'Argentière, Chavagnes, Sables-d'Olonne, Saint-Martin-ès-Vignes, Châtel, Senaide, Bourges, Verrières, Laon, Saint-Omer, Pleaux, Servières, Montpellier, Montbrison, Nantes, Guérande, Belmont, Aubenas, Beaucaire, Metz, Matha, Notre-Dame-de-Liesse, Moissac, Luxeuil,* etc., etc.

2° LES COLLÉGES, INSTITUTIONS OU MAITRISES de *Saint-Etienne* (RR. PP. Jésuites), *Digne, Langres, Soissons, Annot, Forcalquier, Oloron, Poitiers, Saint-Nizier* à *Lyon, Notre-Dame-de-Sainte-Croix* au Mans, *Bourbonne-les-Bains, Aubenas, Albertville* (Haute-Savoie), *Angers, Narbonne, Pont-de-Beauvoisin, Autun, Colmar, Buis, Auxerre, Saint-Dizier, Toulouse, Ancenis, Châteaubriand, Chauvé, Nantes, Machecoul,* et plusieurs du diocèse de *Malines* (Belgique), etc., etc.

3° LES CONGRÉGATIONS RELIGIEUSES des sœurs du Saint-Sacrement à *Romans,* des sœurs de la Providence à *Séez,* des sœurs de Saint-Martin à *Bourgueil,* des sœurs de Saint-Régis à *Aubenas,* des sœurs de l'Education chrétienne à *Argentan,* des frères de l'Instruction chrétienne à *Saint-Laurent-sur-Sèvres,* des frères de Sion-Vaudemont à *Vézelise,* des sœurs de la Providence à *Langres,* des sœurs de Saint-François-d'Assise à *Lyon,* des sœurs de l'Union chrétienne à *Fontenay-le-Comte,* des sœurs de la Société de Sainte-Marie à *Angers,* des sœurs de la Miséricorde à *Billom,* des sœurs de la Présentation de Marie au *Bourg-Saint-Andéol,* des sœurs Ursulines du Sacré-Cœur à *Pons,* des frères-directeurs de l'Institution des sourds-muets et des jeunes aveugles à *Fives-lez-Lille,* des clercs de Saint-Viateur *aux Ternes,* des frères de la Croix-de-Jésus à *Moutiers-en-Tarentaise* (Savoie), etc., etc.

ÉLÉMENTS

DE LA

GRAMMAIRE FRANÇAISE.

INTRODUCTION.

1. La *Grammaire française* nous enseigne à parler et à écrire correctement en français (1).

2. Pour parler et pour écrire, on se sert de *mots*; les mots sont composés de *lettres*.

I.

DES LETTRES.

3. Il y a vingt-cinq lettres dans l'alphabet français.

On les divise en *voyelles* et en *consonnes*.

§ 1er. Voyelles.

4. Il y a six voyelles, qui sont : *a, e, i, o, u, y*.

Les voyelles sont *longues* ou *brèves* : les voyelles *longues* sont celles sur lesquelles on appuie plus longtemps que sur les autres en les prononçant; — les voyelles *brèves* sont celles sur lesquelles on appuie moins longtemps. Par exemple :

---

(1) Nous préférons cette espèce de définition à celle-ci : *La Grammaire française est l'art de parler, etc.*; le mot *art* n'est pas compris des enfants.

1

A est long dans *pâte*, et est bref dans *patte*.

U est long dans *flûte*, et est bref dans *culbute, etc.*

Il n'est pas difficile de sentir qu'on appuie sur l'*a* et sur l'*u* dans *pâte* et dans *flûte*, tandis qu'on passe rapidement sur les mêmes lettres dans *patte* et dans *culbute*.

REMARQUEZ, sur la voyelle *e*, qu'elle s'écrit de trois manières différentes : *e, é, è*.

Dans le premier cas, on l'appelle *e muet*, parce qu'en effet on ne le prononce presque pas, comme dans : *homme, monde.*

Dans le second cas, on l'appelle *é fermé*, parce qu'en effet on le prononce la bouche presque fermée, comme dans : *bonté, café.*

Dans le troisième cas, on l'appelle *è ouvert*, parce qu'en effet on le prononce la bouche très-ouverte, comme dans : *succès, procès.*

§ 2. Consonnes (1).

5. Il y a dix-neuf consonnes, qui sont : *b, c, d, f, g, h, j, k, l, m, n, p, q, r, s, t, v, x, z.*

REMARQUEZ, sur la consonne *h*, qu'elle est *muette* ou *aspirée*. Elle est appelée *muette*, quand elle ne se prononce pas, comme dans *l'homme, l'honneur, l'histoire*, qu'on prononce comme s'il y avait : *l'omme, l'onneur, l'istoire* ; — elle est appelée *aspirée*, quand

---

(1) *Consonnes* (des mots latins *cum* et *sonare*), veut dire *qui sonne avec :* elles sont ainsi appelées parce qu'elles ne forment un son qu'avec le secours des voyelles. Ainsi les consonnes *b, c, d*, etc., ne se prononcent *bé, cé, dé*, ou *be, ce, de*, que parce qu'on y joint la voyelle *é* ou *e*. — Les voyelles, au contraire, du mot latin *vox*, qui veut dire *voix* ou *son*, sont ainsi appelées parce que, seules, elles forment une voix, un son.

elle fait prononcer avec aspiration, c'est-à-dire du gosier, la voyelle qui suit, et qu'elle empêche toute liaison entre les mots. Ainsi il faut écrire et prononcer séparément : *la haine*, et non pas *l'haine ; les héros*, et non pas comme s'il y avait *les zhéros*.

II.

DES MOTS.

6. Il y a en français dix espèces de mots, que l'on appelle les *dix parties du discours*. Ce sont : l'*Article*, le *Nom*, l'*Adjectif*, le *Pronom*, le *Verbe*, le *Participe*, l'*Adverbe*, la *Préposition*, la *Conjonction* et l'*Interjection*.

Ainsi tous les mots, sans exception, que l'on peut prononcer ou rencontrer dans les livres, sont ou des noms, ou des adjectifs, ou des verbes, etc.

REMARQUEZ 1° que plusieurs mots réunis, présentant un sens complet, forment ce qu'on appelle une *phrase*. Une phrase va toujours d'un point à un autre. Ainsi, dans l'exemple suivant, il y a deux phrases :

Dieu a créé le ciel et la terre en six jours. Le premier jour il a fait la lumière.

REMARQUEZ 2° qu'on rencontre souvent, soit sur les lettres, soit entre les mots, certains petits signes, qu'on appelle *signes d'orthographe*, et qu'il est nécessaire de connaître.

III.

DES SIGNES D'ORTHOGRAPHE.

7. Les *signes d'orthographe* sont : l'*Accent*, l'*Apos-*

trophe, le *Tréma*, la *Cédille*, le *Trait d'union*, et les différents *signes de la Ponctuation.*

§ 1er. Accents.

8. L'*accent* est un petit signe qui sert le plus souvent à changer la prononciation d'une lettre.

Il y a trois sortes d'accents : l'*accent aigu* (′), l'*accent grave* (`), et l'*accent circonflexe* (ˆ).

L'accent aigu se met sur l'*é* fermé : *bonté, café ;* — l'accent grave se met généralement sur l'*è* ouvert : *succès, procès ;* — l'accent circonflexe se met sur les voyelles longues : *apótre, flúte, abíme, tempête.*

§ 2. L'Apostrophe.

9. L'*apostrophe* (′) est un petit signe qui sert à remplacer une voyelle qu'on retranche, afin d'éviter une prononciation désagréable. Ainsi l'on dit : *l'or, l'argent,* en se servant de l'apostrophe, pour ne pas dire, *le or, le argent,* ce qui serait désagréable.

§ 3. Le Tréma.

10. Le *tréma* (··) est un petit signe que l'on met sur une voyelle pour avertir qu'il faut la prononcer séparément de celle qui la précède. Ainsi, dans *Saül,* roi, prononcez *Sa-ul,* en séparant les voyelles, et non pas *Saul,* comme dans *saule,* arbre.

§ 4. La Cédille.

11. La *cédille* (¸) est un petit signe que l'on met sous le *ç* devant *a, o, u,* pour avertir qu'il doit se prononcer comme un *s.* Ainsi, dans *maçon,* prononcez comme s'il y avait *masson,* et non pas *maquon.*

§ 5. Le Trait d'union.

12. Le *trait d'union* (-) est un petit signe qui

sert à unir deux ou plusieurs mots entre eux, comme *chou-fleur*, *chef-lieu*, *très-bien*, *sur-le-champ*.

§ 6. Ponctuation.

13. La *ponctuation* comprend les signes qui servent à indiquer en lisant les endroits du discours où l'on doit s'arrêter.

Ces signes sont : la *virgule* (,), le *point-virgule* (;), les *deux-points* (:), le *point* (.), le *point interrogatif* (?) et le *point exclamatif* (!); il en sera question à la fin de la grammaire.

Nous allons faire connaître maintenant l'emploi de chacun des dix mots du discours. De là dix chapitres, auxquels nous en joindrons un onzième sur l'*analyse grammaticale*, qui est la manière de rendre compte de chaque mot d'une phrase.

CHAPITRE PREMIER.

DE L'ARTICLE.

14. L'*article* est un petit mot qui se met devant les noms. Il y a deux sortes d'articles : l'*article simple* et l'*article composé*.

L'article simple est *le*, *la*, *les*. Ex. : *le* frère, *la* sœur, *les* enfants.

L'article composé est *au*, *aux*, *du*, *des*. Ex.: *au* frère, *aux* sœurs, *du* frère, *des* sœurs. — On l'appelle *composé*, par opposition à l'article *simple*, parce qu'il est réellement composé de deux mots : *au* est pour *à le*; *aux* pour *à les*; *du* pour *de le*; *des* pour *de les*. Ainsi, *au* frère est pour *à le* frère; *aux* sœurs est pour *à les* sœurs, etc.

REMARQUEZ, sur l'article simple, qu'on retranche

e dans le mot *le*, et *a* dans le mot *la*, quand le mot suivant commence par une voyelle ou une *h* muette. Ainsi l'on dit : *l'argent* pour *le argent*, *l'histoire* pour *la histoire*, dont la prononciation serait dure et désagréable; mais alors on met à la place de la lettre retranchée le petit signe ('), dont nous avons parlé, qu'on appelle *apostrophe*.

CHAPITRE II.

DU NOM.

15. Le *nom*, qu'on appelle aussi *substantif*, est un mot qui sert à nommer une personne ou une chose, comme *Pierre*, *Paul*, *livre*, *chapeau*.

Il y a un moyen facile de reconnaître qu'un mot est un nom : c'est de voir si l'on peut mettre devant lui l'article *le*, *la*, *les*. Ainsi, le mot *jardin* est un nom, parce qu'on peut dire *le* jardin; le mot *vertu* est également un nom, parce qu'on peut dire *la* vertu.

16. Il y a deux sortes de noms : le *nom commun* et le *nom propre*.

Le *nom commun* ou *substantif commun* est celui qui convient à toutes les personnes ou à toutes les choses qui ont entre elles de la ressemblance. Ainsi, le mot *homme* est un nom commun, parce qu'il convient à tous les hommes, quels que soient leurs noms, leurs qualités, etc.; le mot *ville* est aussi un nom commun, parce qu'il convient à toutes les villes.

Le *nom propre* ou *substantif propre* est celui qui ne convient pas à toutes les personnes ou à toutes les choses qui ont de la ressemblance, mais seulement à une ou à quelques-unes. Ainsi, les mots *Pierre, Paul,* sont des noms propres, parce qu'ils ne conviennent pas à tous les hommes; les mots *Paris, Lyon,* sont également des noms propres, parce qu'ils ne conviennent pas à toutes les villes.

REMARQUEZ, sur les substantifs propres, qu'on les écrit toujours par une grande lettre, et qu'on ne met jamais l'article devant les noms propres d'hommes. Ainsi, ne dites pas *le Pierre, le Paul,* mais *Pierre, Paul,* sans article.

17. Il y a deux choses à distinguer dans les noms : le *genre* et le *nombre*.

§ 1er. Genres.

18. Il y a en français deux genres : le *masculin* et le *féminin*. Les noms d'hommes et tous les êtres mâles, comme *lion, loup,* sont du genre masculin ; les noms de femmes et tous les êtres femelles, comme *lionne, louve,* sont du genre féminin.

REMARQUEZ 1º que les choses qui ne sont ni mâles ni femelles, comme *jardin, arbre, chapeau,* ne devraient être ni du masculin ni du féminin; cependant on a fait les unes du genre masculin, et les autres du genre féminin. Ainsi, *jardin, arbre, chapeau,* sont du masculin; et *fleur, table, sagesse,* sont du féminin.

REMARQUEZ 2º qu'on reconnaît, en général, qu'un nom est du genre masculin, quand on peut mettre devant ce nom *le, du* ou *au,* qui sont les articles du masculin, ou bien le mot *un;* — et qu'il est du genre féminin, quand on peut mettre devant lui *la,* qui est l'article du féminin, ou le mot *une.* Ainsi, *jardin, livre, chapeau,* sont du genre masculin, parce qu'on dit *le* jardin, *le* livre, *un* chapeau ; — et *fleur, table, sagesse*, sont du genre féminin, parce qu'on dit *la* fleur, *une* table, *la* sagesse.

§ 2. Nombres.

19. Il y a en français deux nombres : le *singulier* et le *pluriel*. Quand on parle d'une seule personne ou d'une seule chose, comme *un homme, une femme, un livre*, le nom est du singulier; — et quand on parle de plusieurs personnes ou de plusieurs choses, comme *les hommes, les femmes, des livres*, il est du pluriel.

Remarquez qu'on reconnaît, en général, qu'un nom est du singulier, quand il y a devant ce nom *le*, *la, du* ou *au*, qui sont les articles du singulier; et on reconnaît qu'il est du pluriel, quand il y a *les, des* ou *aux*, qui sont les articles du pluriel, servant pour les deux genres.

20. Quels changements fait-on subir aux substantifs dans leurs terminaisons, pour marquer qu'ils désignent plusieurs personnes ou plusieurs choses, c'est-à-dire qu'ils sont au pluriel? C'est ce que nous allons faire connaître.

MANIÈRE DE FORMER LE PLURIEL DANS LES NOMS.

21. Règle générale. — On forme le pluriel en ajoutant *s* à la fin du nom. Ex. : *le frère, les frères; la sœur, les sœurs; le livre, les livres.*

Exceptions. — A cette règle générale il y a plusieurs exceptions :

1° Les substantifs terminés au singulier par *s*, *x*, *z*, n'ajoutent rien au pluriel : *le fils, les fils; le nez, les nez; la voix, les voix.*

2° Les substantifs terminés au singulier par *au*,

eu, ajoutent au pluriel non pas *s*, mais *x* : *le bateau, les bateaux; le feu, les feux.*—Il n'en est pas de même des substantifs terminés par *ou;* ils ajoutent *s*, selon la règle générale : *le clou, les clous; le verrou, les verrous, etc.*, excepté cependant les sept suivants : *bijou, joujou, caillou, chou, genou, hibou* et *pou*, qui ajoutent *x* : *des bijoux, des joujoux, etc.*

3° Les substantifs terminés au singulier par *al*, n'ajoutent pas *s*, mais changent *al* en *aux*: *le mal, les maux; le cheval, les chevaux;* excepté cependant *bal, carnaval, régal*, qui font, avec *s*, *bals, carnavals, régals*. — Il n'en est pas des substantifs terminés par *ail* comme des substantifs terminés par *al;* ils ajoutent simplement *s*, selon la règle générale : *le portail, les portails; le gouvernail, les gouvernails, etc.;* excepté cependant *bail, émail, corail, soupirail, travail*, qui font *baux, émaux, coraux, soupiraux, travaux.*

4° *Ciel, œil, aïeul*, font généralement au pluriel *cieux, yeux, aïeux.*

CHAPITRE III.
DE L'ADJECTIF.

22. *L'adjectif* est un mot que l'on ajoute au nom pour en marquer la qualité, le nombre, etc. Ainsi quand je dis : *Enfant sage, trois soldats*, ces mots *sage, trois*, sont des adjectifs.

Il y a un moyen facile de reconnaître qu'un mot est adjectif : c'est de voir si l'on peut y joindre le mot *personne* ou *chose;* ainsi, *habile, agréable*, sont des adjectifs, parce qu'on peut dire : *Personne habile, chose agréable.*

1*

23. Comme l'adjectif se rapporte toujours à un nom, il en prend naturellement le genre et le nombre; c'est-à-dire que sa terminaison change selon que le nom est masculin ou féminin, singulier ou pluriel. Ainsi, l'adjectif *bon* fait *bonne*, quand il se rapporte à une femme; *bons*, avec un *s*, quand il se rapporte à plusieurs hommes, etc.

Il faut donc savoir comment se forme le féminin dans les adjectifs, et comment se forme le pluriel.

I. MANIÈRE DE FORMER LE FÉMININ DANS LES ADJECTIFS.

24. RÈGLE GÉNÉRALE. — On forme le féminin dans les adjectifs, en ajoutant un *e* muet au masculin. Ex. : *prudent, prudente; saint, sainte; méchant, méchante; petit, petite; grand, grande; vrai, vraie, etc.*

EXCEPTIONS. — A cette règle générale il y a plusieurs exceptions :

1° Les adjectifs terminés au masculin par un *e* muet, comme *agréable, habile*, ne changent pas au féminin : *une personne habile; une chose agréable.*

2° Les adjectifs terminés au masculin par *el, eil, ien, on,* comme *cruel, pareil, ancien, etc.,* au lieu de prendre simplement un *e* au féminin, redoublent encore leur dernière consonne : *Cruel, cruelle; pareil, pareille; ancien, ancienne; bon, bonne.* — Il en est de même : 1° des adjectifs terminés par *et,* comme *muet, net, etc.,* qui font *muette, nette;* excepté *complet, concret, discret, secret, inquiet, replet,* qui font avec un seul *t,* mais en prenant l'accent grave, *complète, concrète, discrète, etc.;* — 2° de quelques adjectifs terminés par *s,* comme *bas, gras, las, épais, gros,* qui font *basse, grasse, lasse, etc.;* — 3° enfin de quelques autres adjectifs, comme *nul, gentil, sot, paysan*, qui font *nulle, gentille, sotte, paysanne, etc.*

3° Les adjectifs terminés au masculin par *f*, font leur féminin en changeant *f* en *ve* : *Neuf, neuve; naïf, naïve, etc.*

4° Les adjectifs terminés au masculin par *x*, font leur féminin en changeant *x* en *se* : *Heureux, heureuse; jaloux, jalouse, etc.*..... excepté *doux, roux, faux* et *vieux*, qui font *douce, rousse, fausse* et *vieille.*

5° Les adjectifs terminés au masculin par *eur*, font pour la plupart *euse* au féminin : *Trompeur, trompeuse; pécheur, pécheuse, etc.* — Il n'en est pas de même des adjectifs en *teur;* ils font pour la plupart *trice* au féminin, comme *conducteur, conductrice; accusateur, accusatrice ; protecteur, protectrice, etc.*

Remarquez 1° que les adjectifs terminés au masculin par *er* forment bien, selon la règle, leur féminin en ajoutant un *e* muet, mais qu'ils prennent de plus l'accent grave sur l'*e* qui précède *r : Fier, fière; entier, entière, etc.*

Remarquez 2° que les adjectifs terminés au masculin par *gu* prennent bien aussi, selon la règle, un *e* muet au féminin, mais qu'ils le marquent d'un tréma : *Aigu, aiguë ; ambigu, ambiguë; contigu, contiguë, etc.*

Remarquez 3° que les adjectifs suivants forment leur féminin d'une manière très-irrégulière (1).

---

(1) Nous croyons qu'il ne faut pas fatiguer les élèves à leur faire apprendre de mémoire cette longue liste d'adjectifs : le professeur donne le masculin, et l'élève fait connaître le féminin.

Blanc,	— *blanche.*	*Bénin,*	— *bénigne.*
Franc,	— *franche.*	*Malin,*	— *maligne.*
Sec,	— *sèche.*	*Favori,*	— *favorite.*
Frais,	— *fraîche.*	*Devin,*	— *devineresse.*
Public,	— *publique.*	*Tiers,*	— *tierce.*
Caduc,	— *caduque.*	*Témoin,*	— *témoin.*
Turc,	— *turque.*	*Châtain,*	pas de féminin.
Grec,	— *grecque;*	*Fat,*	id.
Long,	— *longue.*	*Dispos,*	id.
Oblong,	— *oblongue.*	*Aquilin,*	id.

A tous ces adjectifs, ajoutez *beau, nouveau, fou, mou,* qui font *belle, nouvelle, folle, molle.* Ces adjectifs ont encore une autre forme au masculin, *bel, nouvel, fol, mol,* qu'on emploie toutes les fois qu'ils sont placés devant un substantif masculin commençant par une voyelle ou une *h* muette. Ainsi l'on dit : *bel* oiseau, et non pas *beau* oiseau; *nouvel* habit, et non pas *nouveau* habit, etc. Il en est de même de l'adjectif *vieux,* qui fait *vieil* au masculin devant un substantif commençant par une voyelle ou une *h* muette : un *vieil* homme, et non pas un *vieux* homme.

II. MANIÈRE DE FORMER LE PLURIEL DANS LES ADJECTIFS.

25. Règle générale. — On forme le pluriel dans les adjectifs, soit masculins, soit féminins, en ajoutant un *s* à la fin. Ex. : *Bon, bonne,* au pluriel *bons, bonnes, etc.*

Exceptions. — A cette règle générale il y a plusieurs exceptions, mais pour les adjectifs masculins seulement :

1º Les adjectifs masculins terminés au singulier par *s, x,* comme *gris, épais, heureux,* n'ajoutent rien au pluriel : Un nuage *épais*, des nuages *épais* ; un homme *heureux*, des hommes *heureux*, etc.

2° Les adjectifs terminés par *au*, comme *beau*, *nouveau*, ajoutent au pluriel non pas *s*, mais *x* : Un livre *nouveau*, des livres *nouveaux*, etc.

3° Les adjectifs terminés par *al*, comme *égal*, *principal*, changent *al* en *aux* au pluriel : Un nombre *décimal*, des nombres *décimaux*, etc. — Il y a cependant quelques adjectifs en *al* qui prennent simplement un *s*, selon la règle, comme *fatal*, *final*, *glacial*, *amical*, *jovial*, dont le pluriel est *fatals*, *finals*, *glacials*, *amicals*, *jovials*, etc. On les apprendra par l'usage. Il est d'autres de ces adjectifs qui n'ont pas de pluriel masculin usité; on les apprendra également par l'usage.

REMARQUEZ, sur l'adjectif *tout*, qu'au pluriel masculin il perd le *t*, et qu'on écrit *tous* les hommes, et non pas *touts* les hommes.

———

DIFFÉRENTES SORTES D'ADJECTIFS.

26. Il y a cinq sortes d'adjectifs : les adjectifs *qualificatifs*, les adjectifs *numéraux*, les adjectifs *possessifs*, les adjectifs *démonstratifs* et les adjectifs *indéfinis*.

§ 1er. Adjectifs qualificatifs.

Les adjectifs *qualificatifs* sont ceux que l'on ajoute au substantif pour en marquer la *qualité* bonne ou mauvaise, comme *bon* père, *bonne* mère, *beau* livre, *belle* image, etc.

Les adjectifs qualificatifs peuvent *qualifier* plus ou moins un substantif, c'est-à-dire lui attribuer une qualité à un degré plus ou moins grand. Ainsi, quand je dis : *un enfant sage*, la qualité de *sage* est moins attribuée à cet *enfant*, que quand je dis *enfant plus sage*, ou *enfant très-sage*.

Il y a trois degrés de qualification dans les adjectifs qualificatifs : on appelle le premier POSITIF, comme *sage ;* — le second COMPARATIF, comme *plus sage, moins sage, aussi sage ;* — le troisième SUPERLATIF, comme *très-sage, bien sage, extrêmement sage, fort sage, le plus sage, le moins sage.*

Ainsi, quand un adjectif est précédé de *très, le plus, le moins*, etc..., comme dans cet exemple : *un enfant très-sage, le plus sage*, etc..., on dit qu'il est au SUPERLATIF.

Quand il est précédé de *plus, moins, aussi*, comme dans cet exemple : *un enfant plus sage, moins sage, aussi sage*, on dit qu'il est au COMPARATIF.

Quand il n'est précédé d'aucun mot semblable, comme dans cet exemple : *un enfant sage*, on dit qu'il est au POSITIF.

REMARQUEZ que l'adjectif *bon* ne fait pas *plus bon* au comparatif, mais *meilleur*. Ainsi ne dites pas : La poire est *plus bonne* que la pomme, mais *meilleure* que la pomme. — Au lieu de *plus mauvais*, on peut dire à volonté *pire ;* et au lieu de *plus petit*, on peut dire *moindre*.

§ 2. Adjectifs numéraux.

27. Les adjectifs *numéraux* (d'un mot latin, *numerus*, nombre) sont ceux que l'on ajoute au substantif pour en marquer soit le *nombre*, comme *trois* soldats, *dix* chevaux, *vingt* tables, etc.; soit l'*ordre* ou le *rang*, comme le *troisième* soldat, le *dixième* cheval, la *vingtième* table, etc.

Dans le premier cas, on les appelle adjectifs numéraux *cardinaux;* ce sont : *Un, deux, trois, quatre, cinq, dix, vingt, trente, cent,* etc..., et tous ceux, en un mot, qui marquent purement et simplement *le nombre.*

Dans le second cas, on les appelle adjectifs numéraux *ordinaux;* ce sont : *Premier, deuxième, troisième, dixième, vingtième, vingt-unième, centième,* etc..., et tous ceux, en un mot, qui marquent *l'ordre, le rang.*

§ 3. Adjectifs possessifs.

28. Les adjectifs *possessifs* sont ceux que l'on ajoute au substantif pour en marquer le *possesseur* ou maître, comme quand je dis : *mon* livre, *ta* maison, *son* chapeau, etc.

Ces adjectifs sont :

SINGULIER.

Pour le masc. : *Mon, ton, son, notre, votre, leur.*
Pour le féminin : *Ma, ta, sa, notre, votre, leur.*

PLURIEL.

Pour les 2 genres : *Mes, tes, ses, nos, vos, leurs.*

REMARQUEZ que *mon, ton, son,* quoique du genre masculin, s'emploient au lieu de *ma, ta, sa,* devant les substantifs féminins commençant par une voyelle ou une *h* muette. Ainsi l'on dit : *mon* âme, *ton* humeur, *son* épée, pour *ma* âme, *ta* humeur, *sa* épée, dont la prononciation serait dure et désagréable.

§ 4. Adjectifs démonstratifs.

29. Les adjectifs *démonstratifs* sont ceux que l'on ajoute au substantif pour le *montrer* comme du doigt, comme quand je dis : *ce* livre, *cette* table, *ces* plumes, etc.

Ces adjectifs sont :

SINGULIER.

Pour le masc. : *Ce, cet.* — Pour le fém. : *Cette.*

PLURIEL.

Pour les deux genres : *Ces.*

REMARQUEZ 1° que *ce* et *cet* ne s'emploient pas indifféremment pour le masculin : on emploie *ce* devant les substantifs qui commencent par une *consonne* ou une *h* aspirée, comme *ce* cheval, *ce* *h*ameau ; — et *cet* devant ceux qui commencent par une *voyelle* ou une *h* muette, comme *cet* oiseau, *cet* *h*omme.

REMARQUEZ 2° qu'il ne faut pas confondre *ces*, adjectif démonstratif, qui s'écrit par un *c*, avec *ses*, adjectif possessif, qui s'écrit par un *s* : on les distingue l'un de l'autre, en ce que *ses* peut se tourner par *de lui*, *d'elle*, ou *de soi*. Ex. : *Il ne devrait pas user de* CES *façons-là avec* SES *amis ;* le premier *ces* s'écrit par un *c*, et le second par un *s*, parce qu'on peut tourner et dire : *Il ne devrait pas user de* CES *façons-là avec les amis* DE LUI.

§ 5. Adjectifs indéfinis.

30. Les adjectifs *indéfinis* sont ceux que l'on ajoute au substantif pour ne le désigner que d'une manière *indéfinie*, c'est-à-dire vague, générale, qui ne suffit pas ordinairement pour le faire connaître, comme quand je dis : *Quelques personnes* sont venues chez moi ; — *Plusieurs élèves* ont été punis, etc.

Ces adjectifs sont :

Chaque, nul, aucun ; — quelque, plusieurs, tout ; — tel, quel, quelconque, certain, même.

RÈGLE DES ADJECTIFS,

OU MANIÈRE DE JOINDRE UN ADJECTIF AVEC UN NOM.

Dieu saint.

31. **RÈGLE.** — Tout adjectif doit être du même genre et du même nombre que le nom auquel il se rapporte. *Ex. :*

Dieu *saint ;* — la Vierge *sainte ;* — de *beaux* jardins ; — des fleurs *charmantes.*

Dans ces exemples, *saint* est au masculin et au singulier, parce qu'il se rapporte à *Dieu*, qui est du masculin et du singulier ; — *sainte* est au féminin et au singulier, parce qu'il se rapporte à *Vierge*, qui est du féminin et du singulier, etc.

CHAPITRE IV.

DU PRONOM.

32. Le *pronom* est un mot qui tient la place d'un nom qui n'est pas exprimé, ou bien d'un nom dont on veut éviter la répétition.

Ainsi, quand quelqu'un dit : je *travaille*, le mot *je* est un pronom tenant la place du nom de cette personne qui parle, lequel n'est pas exprimé. — Dans cet autre exemple : *Télémaque embrassait les genoux de Mentor ; car* il *n'osait* le *regarder, ni même* lui *parler,* les mots *il, le, lui,* sont des pronoms tenant la place des noms *Télémaque* et *Mentor,* dont on veut éviter la répétition. Sans le secours des pronoms, il aurait fallu dire : *Télémaque embrassait les genoux de Mentor ; car Télémaque n'osait regarder Mentor, ni même parler à Mentor.*

DIFFÉRENTES SORTES DE PRONOMS.

33. Il y a cinq sortes de pronoms : les pronoms *personnels*, les pronoms *possessifs*, les pronoms *démonstratifs*, les pronoms *indéfinis* et les pronoms *relatifs*.

§ 1er. Pronoms personnels.

34. Les pronoms *personnels* sont ceux qui tiennent la place, soit du nom des personnes qui parlent, soit du nom des personnes à qui l'on parle, soit du nom des personnes ou des choses dont on parle.

Il y a donc, en grammaire, trois personnes : la première personne est celle qui parle, la seconde personne est celle à qui l'on parle, et la troisième personne est celle de qui l'on parle.

1. Les pronoms de la première personne sont :

SINGULIER.

Pour le masculin et le féminin : *Je, me, moi.*

PLURIEL.

Pour le masculin et le féminin : *Nous.*

2. Les pronoms de la seconde personne sont :

SINGULIER.

Pour le masculin et le féminin : *Tu, te, toi.*

PLURIEL.

Pour le masculin et le féminin : *Vous.*

3. Les pronoms de la troisième personne sont :

SINGULIER.

Pour le masc. : *Il, lui.* — Pour le fém. : *Elle, lui.*

PLURIEL.

Pour le masc. : *Ils, eux.* — Pour le fém. : *Elles.*

A ces pronoms de la troisième personne, il faut ajouter :

1º *Le* pour le masc., *la* pour le fémin., et *les* pour le pluriel des deux genres, qu'on emploie généralement au lieu de *lui, elle, eux, elles.* Ex. : Je vous ai promis un livre, je vous *le* donnerai, c'est-à-dire je vous donnerai *lui*;

2º *Leur*, qui est du pluriel et des deux genres, et qu'on emploie au lieu de *à eux, à elles.* Ex. : Je *leur* donnerai un livre, c'est-à-dire je donnerai *à eux*, etc.;

3º *Se, soi,* qui est des deux genres et des deux nombres, et qu'on emploie au lieu de *lui, elle, eux, elles, à lui, à elle, à eux, à elles.* Ex. : L'orgueilleux *se* loue, c'est-à-dire loue *lui*;

4º *En,* qui est des deux genres et des deux nombres, et qu'on emploie au lieu de *de lui, d'elle, d'eux, d'elles, de cela.* Ex. : J'ai vu votre maison, et j'*en* ai admiré la beauté, c'est-à-dire la beauté *d'elle*;

5º *Y*, qui est des deux genres et des deux nombres, et qu'on emploie au lieu de *à lui, à elle, à eux, à elles, à cela,* etc. Ex. : L'affaire est très-importante, j'*y* donnerai mes soins, c'est-à-dire je donnerai mes soins *à elle*.

REMARQUEZ 1º sur le pronom *le, la, les,* qu'il ne faut pas le confondre avec *le, la, les,* article. L'article est toujours suivi d'un nom, comme *le roi, la reine, le beau jardin,* etc.; le pronom est toujours joint à un verbe, comme je *le* regarde, je *la* blâme, etc.

REMARQUEZ 2º sur le pronom *leur*, qu'il ne faut pas le confondre avec *leur*, adjectif possessif. *Leur*, adjectif, est toujours suivi d'un nom et prend un *s* au pluriel, comme *leur* enfant, *leurs* grandes richesses;

leur, pronom, est toujours joint à un verbe et ne prend jamais d's, comme je *leur* donne, je *leur* offre, etc.

§ 2. Pronoms possessifs.

35. Les pronoms *possessifs* sont ceux qui tiennent la place du substantif, de manière à en faire connaître le *possesseur* ou maître, comme quand je dis : *Votre livre est beau, mais je préfère* LE MIEN.

Ces pronoms sont :

SINGULIER.

Pour le masculin : *Le mien, le tien, le sien, le nôtre, le vôtre, le leur.*

Pour le féminin : *La mienne, la tienne, la sienne, la nôtre, la vôtre, la leur.*

PLURIEL.

Pour le masculin : *Les miens, les tiens, les siens, les nôtres, les vôtres, les leurs.*

Pour le féminin : *Les miennes, les tiennes, les siennes, les nôtres, les vôtres, les leurs.*

REMARQUEZ qu'il ne faut pas confondre *le nôtre, le vôtre, le leur,* pronoms possessifs, avec *notre, votre, leur,* adjectifs possessifs. L'adjectif possessif est toujours suivi d'un nom, et ne prend pas d'accent : *Votre père, notre maison ;* le pronom possessif, au contraire, n'est jamais suivi d'un nom, et prend l'accent circonflexe : *Mon livre est plus beau que le vôtre.*

§ 3. Pronoms démonstratifs.

36. Les pronoms *démonstratifs* sont ceux qui tiennent la place du substantif, de manière à le *montrer* comme du doigt, comme quand je dis : *De ces deux*

philosophes, CELUI-CI *riait toujours, et* CELUI-LA *pleu-rait sans cesse.*

Ces pronoms sont :

SINGULIER.

Pour le masculin : *Celui, celui-ci, celui-là.*
Pour le féminin : *Celle, celle-ci, celle-là.*

PLURIEL.

Pour le masculin : *Ceux, ceux-ci, ceux-là.*
Pour le féminin : *Celles, celles-ci, celles-là.*

A ces pronoms, il faut ajouter *ce, ceci, cela,* qui sont toujours du masculin singulier.

REMARQUEZ qu'il ne faut pas confondre *ce,* pronom ou adjectif démonstratif, qui s'écrit par un *c,* avec *se,* pronom personnel, qui s'écrit par un *s;* ce dernier est toujours suivi d'un verbe et peut se tourner par *soi, lui, eux,* etc. : *il se flatte, ils se louent.*

§ 4. Pronoms indéfinis.

37. Les pronoms *indéfinis* sont ceux qui tiennent la place du substantif, de manière à ne le désigner que d'une façon *indéfinie,* c'est-à-dire vague, géné-rale, qui ne suffit pas ordinairement pour le faire connaître, comme quand je dis : ON *frappe à la porte;* QUELQU'UN *vous appelle;* PLUSIEURS *pensent que,* etc.

Ces pronoms sont :

On, quiconque, quelqu'un, chacun, autrui;—l'un, l'autre, l'un et l'autre, l'un l'autre, personne; — aucun, nul, plusieurs, tel.

§ 5. Pronoms relatifs.

38. Les pronoms *relatifs* sont ceux qui tiennent

la place d'un substantif ordinairement placé *immé-diatement* devant eux, de manière à avoir avec ce substantif un rapport, *une relation* très-intime : d'où leur vient le nom de *relatifs.*

Ainsi, quand je dis : *Dieu* QUI *a créé le monde ; Le livre* QUE *je lis;* les mots QUI, QUE, sont des pronoms relatifs, parce qu'ils tiennent la place des mots *Dieu* et *livre,* placés immédiatement devant eux.

Les pronoms relatifs sont :

SINGULIER.

Pour le masc. : *Lequel, duquel, auquel.*

Pour le fém. : *Laquelle, de laquelle, à laquelle.*

PLURIEL.

Pour le masc. : *Lesquels, desquels, auxquels.*

Pour le fém. : *Lesquelles, desquelles, auxquelles.*

A ces pronoms, il faut ajouter : *qui, que, dont. où,* qu'on emploie pour les deux genres et les deux nombres, et *quoi,* qui est du masculin et du singulier.

REMARQUEZ 1° que le substantif auquel le pronom relatif se rapporte prend le nom d'*antécédent.*

REMARQUEZ 2° que les pronoms relatifs *qui, que,* etc., s'emploient aussi pour interroger, comme quand on dit : *Qui vous a appelé? Que faites-vous?* Alors ils s'appellent pronoms *interrogatifs.* On connaît qu'il sont interrogatifs quand ils n'ont point d'*antécédent,* et qu'on peut les tourner par *quelle personne, quelle chose.* Ainsi, dans ces phrases : *Qui vous a appelé? Que faites-vous?* les pronoms *qui, que,* sont *interrogatifs,* parce qu'on peut dire : *Quelle personne* vous a appelé? *Quelle chose* faites-vous?

RÈGLE DES PRONOMS,

OU MANIÈRE DE FAIRE ACCORDER LES PRONOMS AVEC LES NOMS DONT ILS TIENNENT LA PLACE.

Pratiquez la vertu : elle rend heureux.

39. RÈGLE I. — Les pronoms sont toujours du même genre et du même nombre que les substantifs dont ils tiennent la place. *Ex. : Pratiquez la vertu :* ELLE *rend heureux.* — *Ces livres sont* LES MIENS.

Dans ces exemples, le pronom *elle* est au féminin et au singulier, parce qu'il tient la place de *vertu*, qui est du féminin et du singulier; — le pronom *les miens* est au masculin et au pluriel, parce qu'il tient la place de *livres*, qui est du masculin et du pluriel.

Dieu qui règne.

40. RÈGLE II.—Les pronoms relatifs sont du même genre, du même nombre, et de plus, de la même personne que leur *antécédent.* Ex. :

Dieu QUI *règne.* — *Qui* est de la troisième personne et du masculin singulier, parce qu'il a pour antécédent *Dieu,* qui est de la troisième personne, et du masculin singulier.

Mon fils, toi QUI *aimes l'étude.* — *Qui* est de la seconde personne, et du masculin singulier, parce qu'il a pour antécédent *toi*, qui est de la deuxième personne et du masculin singulier.

NOTA. — Tout antécédent est de la troisième personne, quand il n'est pas l'un de ces pronoms : *moi, toi, nous, vous.*

CHAPITRE V.

DU VERBE.

41. Le *verbe* est un mot qui sert à exprimer l'*état* ou l'*action* d'une personne ou d'une chose. Ainsi, quand je dis : *Cet homme* MARCHE, *il* CHANTE, etc. ; ces mots *marche*, *chante*, sont des verbes, parce qu'ils servent à exprimer l'action faite par l'homme dont il s'agit. — De même, quand je dis : *Je* SUIS *malade*, le mot *suis* est un verbe, parce qu'il sert à marquer l'état dans lequel je me trouve.

Il y a un moyen facile de reconnaître qu'un mot est un verbe : c'est de voir si l'on peut y joindre les pronoms *je*, *tu*, *il*, *nous*, *vous*, *ils*. Ainsi, le mot *lire* est un verbe, parce qu'on peut dire : *je lis*, *tu lis*, *il lit*, *etc.*

42. Il y a six choses à distinguer dans le verbe : le *nombre*, la *personne*, le *mode*, le *temps*, le *sujet* et le *complément*.

§ 1er. Nombres.

43. Il y a dans les verbes deux nombres : le *singulier*, quand on parle d'une seule personne, comme *je lis*, *l'enfant dort* ; le *pluriel*, quand on parle de plusieurs personnes, comme *nous lisons, les enfants dorment.*

§ 2. Personnes.

44. Il y a trois personnes : les pronoms *je*, *nous*, placés devant un verbe, marquent la première personne, c'est-à-dire celle qui parle ; — *tu, vous*, marquent la deuxième personne, c'est-à-dire celle à qui l'on parle ; — *il, elle, ils, elles*, et *tout nom* placé devant un verbe, marquent la troisième personne, c'est-à-dire celle de qui l'on parle.

§ 3. Modes.

45. Le *mode* (du mot latin *modus*, manière) indique *de quelle manière* se fait l'action dont il s'agit, c'est-à-dire si elle est faite purement et simplement; — ou si elle est soumise à quelque condition; — ou si elle est commandée, etc.

Il y a six modes dans les verbes : l'*indicatif*, l'*impératif*, le *conditionnel*, le *subjonctif*, l'*infinitif*, et le *participe*.

L'INDICATIF indique que l'action se fait, s'est faite ou se fera purement et simplement : *Je lis, j'ai lu, je lirai;* — le CONDITIONNEL, qu'elle se ferait ou se serait faite moyennant une condition : JE LIRAIS *si j'avais des livres;* — l'IMPÉRATIF, qu'elle est commandée, conseillée : LISEZ *vos livres;* — le SUBJONCTIF, qu'on souhaite ou qu'on doute qu'elle se fasse : *Je doute* QUE VOUS LISIEZ; — l'INFINITIF n'indique l'action que d'une manière indéfinie et générale, sans nombres, ni personnes, comme LIRE, VOIR; — le PARTICIPE l'indique à peu près comme l'infinitif : LISANT, VOYANT.

§ 4. Temps.

46. Le *temps* indique *à quel moment* se fait l'action marquée par le verbe.

Il y a trois temps dans les verbes : le *présent*, le *passé* et le *futur :* le *présent*, qui indique que l'action du verbe se fait présentement, comme *je lis;* — le *passé*, qui indique que l'action est faite, comme *j'ai lu;* — le *futur*, ou avenir, qui indique que l'action est à faire, comme *je lirai.*

Il ne devrait donc y avoir que trois temps. Mais comme une action peut s'être faite dans un temps *passé* plus ou moins éloigné, on distingue cinq sortes de *passés*, qui sont : l'*imparfait*, le *passé défini*, le *passé indéfini*, le *passé antérieur* et le *plus-que-parfait*. — De même, comme une action peut se faire dans un avenir plus ou moins prochain, on distingue deux sortes de futurs, qui sont : le *futur simple* et le *futur antérieur;* en sorte qu'il y a en tout huit temps : un *présent*, cinq *passés*, et deux *futurs*.

§ 5. Sujet.

47. Le *sujet* est le nom que l'on donne, en grammaire, à la personne ou à la chose qui fait l'action, ou qui est dans l'état marqué par le verbe. Ainsi, quand je dis : *Cet enfant lit ; cet enfant* est appelé le *sujet* du verbe, parce que c'est lui qui fait l'action de *lire*, marquée par le verbe.

48. Il y a un moyen facile de trouver, dans une phrase, le sujet d'un verbe : c'est de mettre *immédiatement* devant ce verbe ces mots : *qui est-ce qui* ou *qu'est-ce qui?* Le mot qui répond à cette question, est toujours le sujet du verbe. Soit, par exemple, cette phrase : *L'enfant étudie,* dans laquelle je veux trouver le sujet. Je prends le verbe *étudie*, je mets immédiatement devant ce verbe, *qui est-ce qui?* et je dis : *Qui est-ce qui étudie ?* — Réponse : *l'enfant; l'enfant* est donc le sujet du verbe. — Soit cette autre phrase : *Le lièvre court.* Prenez le verbe, et dites : *Qui est-ce qui court ?* Réponse : *le lièvre; le lièvre* est donc le sujet du verbe.

§ 6. Complément.

49. Le *complément*, qu'on appelle aussi *régime,* est le nom qu'on donne en grammaire à tout mot qui achève, qui *complète* le sens d'un autre mot. Ainsi, quand je dis : *Aimer l'étude : l'étude* est le

complément du verbe *aimer,* parce qu'en effet ce mot complète le sens commencé par le verbe *ai-mer.*

Il y a, dans les verbes, deux sortes de compléments : le complément *direct* et le complément *in-direct.*

Le complément *direct* ou régime direct est celui qui complète le sens du verbe *directement,* c'est-à-dire sans le secours d'aucun mot.

Le complément *indirect,* au contraire, est celui qui complète le sens du verbe *indirectement,* c'est-à-dire avec le secours de quelques petits mots qu'on appelle prépositions, comme *à, de, pour, avec, par,* etc.

Ainsi, quand je dis : *J'aime Dieu ; Dieu* est complément direct du verbe *aimer,* parce qu'il complète le sens de ce verbe, seul et sans le secours d'aucun mot. — Au contraire, quand je dis : *J'obéis à mon père ; mon père* est complément indirect du verbe *obéir,* parce qu'il complète le sens de ce verbe, non pas seul, mais avec le secours du petit mot *à.*

50. Il y a un moyen facile de trouver, dans une phrase, soit le complément direct, soit le complément indirect d'un verbe.

1º Pour trouver le complément direct d'un verbe, on met *immédiatement* après ce verbe ces mots : *qui* ou *quoi?* Le mot qui répond à cette question, est le complément direct. Soit, par exemple, cette phrase déjà citée : *J'aime Dieu,* dans laquelle je veux trouver le complément direct. Je prends le verbe *j'aime,* je mets immédiatement après ce verbe le mot *qui,* et je dis : *J'aime qui?* Réponse : *Dieu ; Dieu* est donc le complément direct du verbe.

2° Pour trouver le complément indirect, on met immédiatement après le verbe ces mots : *à qui* ou *à quoi, de qui* ou *de quoi, par qui* ou *par quoi*, etc. Soit, par exemple, la phrase déjà citée : *J'obéis à mon père.* Prenez le verbe, et dites : *J'obéis à qui ?* Réponse : *à mon père ; à mon père* est donc le complément indirect.

DIFFÉRENTES SORTES DE VERBES.

51. Il y a cinq sortes de verbes : les verbes *actifs,* les verbes *passifs,* les verbes *réfléchis* ou *pronominaux,* les verbes *impersonnels* et les verbes *neutres.*

Les verbes *actifs* sont ceux où le sujet *fait* l'action marquée par le verbe, comme quand je dis : *Je frappe.*

Les verbes *passifs* sont ceux où le sujet *reçoit* l'action marquée par le verbe, comme quand je dis : *Je suis frappé.*

Les verbes *réfléchis* ou *pronominaux* sont ceux où le sujet *fait* et *reçoit* tout à la fois l'action marquée par le verbe, comme quand je dis : *Je me frappe.*

Les verbes *impersonnels* sont ceux où il n'y a point de sujet, c'est-à-dire point de personne par qui soit faite l'action marquée par le verbe, comme quand je dis : *il faut, il importe, il pleut,* etc.

Les verbes *neutres* sont, comme les verbes actifs, des verbes où le sujet fait généralement l'action marquée par le verbe ; mais ils en diffèrent en ce qu'*ils ne peuvent jamais avoir de complément direct,* comme *je marche, vous dormez.*

Remarquez, sur les verbes actifs et sur les verbes neutres, qu'il peut arriver qu'on les confonde ensemble. Or, il y a un moyen facile de distinguer si

un verbe est actif ou neutre. Un verbe est *actif*
toutes les fois qu'on peut mettre après lui *quelqu'un*
ou *quelque chose*, et un verbe est *neutre* toutes les
fois qu'on ne peut mettre après lui *quelqu'un* ni
quelque chose. Ainsi *estimer, chanter,* sont des verbes
actifs, parce qu'on peut dire : *estimer quelqu'un,
chanter quelque chose.* Au contraire, *plaire* et *languir* sont des verbes neutres, parce qu'on ne peut
pas dire *plaire quelqu'un, languir quelque chose.*

52. Réciter de suite les différents modes d'un verbe
quelconque, avec tous leurs temps, leurs nombres et
leurs personnes, cela s'appelle *conjuguer.*

Mais les verbes se conjuguent différemment, selon
qu'ils sont *actifs, passifs, pronominaux, neutres* ou
impersonnels. Avant de faire connaître la manière
de conjuguer ces différentes sortes de verbes, il est
nécessaire de donner la conjugaison de deux verbes
que l'on appelle verbes *auxiliaires* (du mot latin
auxilium, aide, secours), parce qu'en effet ils aident
à conjuguer tous les autres. Ces deux verbes sont le
verbe *avoir* et le verbe *être.*

VERBE AVOIR.

Nota. — Pour conjuguer en français, on prend chacun des
six modes l'un après l'autre, et l'on récite tous les temps
qu'il renferme.

Mode indicatif.

(Il a les huit temps.)

PRÉSENT.	IMPARFAIT.
J'ai.	*J'avais.*
Tu as.	*Tu avais.*
Il a.	*Il avait.*
Nous avons.	*Nous avions.*
Vous avez.	*Vous aviez.*
Ils ont.	*Ils avaient.*

PASSÉ DÉFINI.	PLUS-QUE-PARFAIT.
J'eus.	J'avais eu.
Tu eus.	Tu avais eu.
Il eut.	Il avait eu.
Nous eûmes.	Nous avions eu.
Vous eûtes.	Vous aviez eu.
Ils eurent.	Ils avaient eu.

PASSÉ INDÉFINI.	FUTUR.
J'ai eu.	J'aurai.
Tu as eu.	Tu auras.
Il a eu.	Il aura.
Nous avons eu.	Nous aurons.
Vous avez eu.	Vous aurez.
Ils ont eu.	Ils auront.

PASSÉ ANTÉRIEUR.	FUTUR ANTÉRIEUR.
J'eus eu.	J'aurai eu.
Tu eus eu.	Tu auras eu.
Il eut eu.	Il aura eu.
Nous eûmes eu.	Nous aurons eu.
Vous eûtes eu.	Vous aurez eu.
Ils eurent eu.	Ils auront eu.

Mode conditionnel.

(Il a deux temps.)

PRÉSENT.	PASSÉ.
J'aurais.	J'aurais eu.
Tu aurais.	Tu aurais eu.
Il aurait.	Il aurait eu.
Nous aurions.	Nous aurions eu.
Vous auriez.	Vous auriez eu.
Ils auraient.	Ils auraient eu (1).

---

(1) On dit aussi : *J'eusse eu, tu eusses eu, il eût eu, nous eussions eu, vous eussiez eu, ils eussent eu.*

Mode impératif.

(Il n'a qu'un temps.)

Point de 1re personne.	*Ayons.*
Aie.	*Ayez.*

Mode subjonctif.

(Il a quatre temps.)

PRÉSENT OU FUTUR.	PASSÉ.
Que j'aie.	*Que j'aie eu.*
Que tu aies.	*Que tu aies eu.*
Qu'il ait.	*Qu'il ait eu.*
Que nous ayons.	*Que nous ayons eu.*
Que vous ayez.	*Que vous ayez eu.*
Qu'ils aient.	*Qu'ils aient eu.*

IMPARFAIT.	PLUS-QUE-PARFAIT.
Que j'eusse.	*Que j'eusse eu.*
Que tu eusses.	*Que tu eusses eu.*
Qu'il eût.	*Qu'il eût eu.*
Que nous eussions.	*Que nous eussions eu.*
Que vous eussiez.	*Que vous eussiez eu.*
Qu'ils eussent.	*Qu'ils eussent eu.*

Mode infinitif.

(Il a deux temps.)

PRÉSENT.	PASSÉ.
Avoir.	*Avoir eu.*

Mode participe.

(Il a deux temps.)

PRÉSENT.	PASSÉ.
Ayant.	*Eu, ayant eu.*

VERBE ÊTRE.

Mode indicatif.

PRÉSENT.	PASSÉ ANTÉRIEUR.
Je suis.	J'eus été.
Tu es.	Tu eus été.
Il est.	Il eut été.
Nous sommes.	Nous eûmes été.
Vous êtes.	Vous eûtes été.
Ils sont.	Ils eurent été.

IMPARFAIT.	PLUS-QUE-PARFAIT.
J'étais.	J'avais été.
Tu étais.	Tu avais été.
Il était.	Il avait été.
Nous étions.	Nous avions été.
Vous étiez.	Vous aviez été.
Ils étaient.	Ils avaient été.

PASSÉ DÉFINI.	FUTUR.
Je fus.	Je serai.
Tu fus.	Tu seras.
Il fut.	Il sera.
Nous fûmes.	Nous serons.
Vous fûtes.	Vous serez.
Ils furent.	Ils seront.

PASSÉ INDÉFINI.	FUTUR ANTÉRIEUR.
J'ai été.	J'aurai été.
Tu as été.	Tu auras été.
Il a été.	Il aura été.
Nous avons été.	Nous aurons été.
Vous avez été.	Vous aurez été.
Ils ont été.	Ils auront été.

Mode conditionnel.

PRÉSENT.	Tu serais.
Je serais.	Il serait.

Nous serions. | *Tu aurais été.*
Vous seriez. | *Il aurait été.*
Ils seraient. | *Nous aurions été.*
PASSÉ. | *Vous auriez été.*
J'aurais été. | *Ils auraient été* (1).

Mode impératif.

Point de 1re personne. | *Soyons.*
Sois. | *Soyez.*

Mode subjonctif.

PRÉSENT OU FUTUR. | PASSÉ.
Que je sois. | *Que j'aie été.*
Que tu sois. | *Que tu aies été.*
Qu'il soit. | *Qu'il ait été.*
Que nous soyons. | *Que nous ayons été.*
Que vous soyez. | *Que vous ayez été.*
Qu'ils soient. | *Qu'ils aient été.*

IMPARFAIT. | PLUS-QUE-PARFAIT.
Que je fusse. | *Que j'eusse été.*
Que tu fusses. | *Que tu eusses été.*
Qu'il fût. | *Qu'il eût été.*
Que nous fussions. | *Que nous eussions été.*
Que vous fussiez. | *Que vous eussiez été.*
Qu'ils fussent. | *Qu'ils eussent été.*

Mode infinitif.

PRÉSENT. | PASSÉ.
Être. | *Avoir été.*

Mode participe.

PRÉSENT. | PASSÉ.
Étant. | *Été, ayant été.*

______

(1) On dit aussi : *J'eusse été, tu eusses été, il eût été, nous eussions été, vous eussiez été, ils eussent été.*

2*

CONJUGAISON DES VERBES.

53. Les verbes se conjuguent différemment, comme nous l'avons déjà dit, selon qu'ils sont *actifs, passifs, pronominaux, neutres* ou *impersonnels.* De là cinq sections de verbes que nous allons passer successivement en revue : Première section, *verbes actifs ;* — seconde section, *verbes passifs ;* — troisième section, *verbes pronominaux ;* — quatrième section, *verbes neutres ;* — cinquième section, *verbes impersonnels.*

——

I.

PREMIÈRE SECTION.
Verbes actifs.

54. Il y a quatre manières de conjuguer les verbes actifs, ou quatre conjugaisons, que l'on distingue entre elles par la terminaison de l'infinitif.

La première conjugaison a l'infinitif terminé en *er*, comme *aimer*.

La seconde a l'infinitif terminé en *ir*, comme *finir*.

La troisième a l'infinitif terminé en *oir*, comme *recevoir*.

La quatrième a l'infinitif terminé en *re*, comme *rendre*.

1re CONJUGAISON, EN *ER*.
Mode indicatif.

PRÉSENT.	IMPARFAIT.
J'aime.	*J'aimais.*
Tu aimes.	*Tu aimais.*
Il aime.	*Il aimait.*
Nous aimons.	*Nous aimions.*
Vous aimez.	*Vous aimiez.*
Ils aiment.	*Ils aimaient.*

PASSÉ DÉFINI.	**PLUS-QUE-PARFAIT.**
J'aimai.	*J'avais aimé.*
Tu aimas.	*Tu avais aimé.*
Il aima.	*Il avait aimé.*
Nous aimâmes.	*Nous avions aimé.*
Vous aimâtes.	*Vous aviez aimé.*
Ils aimèrent.	*Ils avaient aimé.*
PASSÉ INDÉFINI.	**FUTUR.**
J'ai aimé.	*J'aimerai.*
Tu as aimé.	*Tu aimeras.*
Il a aimé.	*Il aimera.*
Nous avons aimé.	*Nous aimerons.*
Vous avez aimé.	*Vous aimerez.*
Ils ont aimé.	*Ils aimeront.*
PASSÉ ANTÉRIEUR.	**FUTUR ANTÉRIEUR.**
J'eus aimé.	*J'aurai aimé.*
Tu eus aimé.	*Tu auras aimé.*
Il eut aimé.	*Il aura aimé.*
Nous cûmes aimé.	*Nous aurons aimé.*
Vous eûtes aimé.	*Vous aurez aimé.*
Ils eurent aimé.	*Ils auront aimé.*

Mode conditionnel.

PRÉSENT.	**PASSÉ.**
J'aimerais.	*J'aurais aimé.*
Tu aimerais.	*Tu aurais aimé.*
Il aimerait.	*Il aurait aimé.*
Nous aimerions.	*Nous aurions aimé.*
Vous aimeriez.	*Vous auriez aimé.*
Ils aimeraient.	*Ils auraient aimé (1).*

Mode impératif.

Point de 1re personne.	*Aimons.*
Aime.	*Aimez.*

---

(1) On dit aussi : *J'eusse aimé, tu eusses aimé, il eût aimé nous eussions aimé, vous eussiez aimé, ils eussent aimé.*

Mode subjonctif.

PRÉSENT *ou* FUTUR.	PASSÉ.
Que j'aime.	*Que j'aie aimé.*
Que tu aimes.	*Que tu aies aimé.*
Qu'il aime.	*Qu'il ait aimé.*
Que nous aimions.	*Que nous ayons aimé.*
Que vous aimiez.	*Que vous ayez aimé.*
Qu'ils aiment.	*Qu'ils aient aimé.*

IMPARFAIT.	PLUS-QUE-PARFAIT.
Que j'aimasse.	*Que j'eusse aimé.*
Que tu aimasses.	*Que tu eusses aimé.*
Qu'il aimât.	*Qu'il eût aimé.*
Que nous aimassions.	*Que nous eussions aimé.*
Que vous aimassiez.	*Que vous eussiez aimé.*
Qu'ils aimassent.	*Qu'ils eussent aimé.*

Mode infinitif.

PRÉSENT.	PASSÉ.
Aimer.	*Avoir aimé.*

Mode participe.

PRÉSENT.	PASSÉ.
Aimant.	*Aimé, ayant aimé.*

Conjuguez ainsi : *Adorer, chanter, donner, demander, éprouver, flatter, jouer, planter, porter, questionner, séparer, vanter, occuper, gagner, etc.*

Nota. — On remarquera, une fois pour toutes, que dans le verbe qu'on vient de conjuguer et dans tous ceux qui vont suivre, on distingue deux parties : le *radical* et la *terminaison.* Le *radical* est cette première partie qui reste toujours la même à tous les temps, et la *terminaison* est cette seconde partie qui varie à chaque personne et à chaque temps : *J'aim e, tu aim es, il aim e, nous aim ons, vous aim ez, etc.*

2ᵉ CONJUGAISON EN *IR.*

Mode indicatif.

PRÉSENT.

Je finis.
Tu finis.
Il finit.
Nous finissons.
Vous finissez.
Ils finissent.

IMPARFAIT.

Je finissais.
Tu finissais.
Il finissait.
Nous finissions.
Vous finissiez.
Ils finissaient.

PASSÉ DÉFINI.

Je finis.
Tu finis.
Il finit.
Nous finîmes.
Vous finîtes.
Ils finirent.

PASSÉ INDÉFINI.

J'ai fini.
Tu as fini.
Il a fini.
Nous avons fini.
Vous avez fini.
Ils ont fini.

PASSÉ ANTÉRIEUR.

J'eus fini.
Tu eus fini.
Il eut fini.
Nous eûmes fini.
Vous eûtes fini.
Ils eurent fini.

PLUS-QUE-PARFAIT.

J'avais fini.
Tu avais fini.
Il avait fini.
Nous avions fini.
Vous aviez fini.
Ils avaient fini.

FUTUR.

Je finirai.
Tu finiras.
Il finira.
Nous finirons.
Vous finirez.
Ils finiront.

FUTUR ANTÉRIEUR.

J'aurai fini.
Tu auras fini.
Il aura fini.
Nous aurons fini.
Vous aurez fini.
Ils auront fini.

Mode conditionnel.

PRÉSENT.	PASSÉ.
Je finirais.	*J'aurais fini.*
Tu finirais.	*Tu aurais fini.*
Il finirait.	*Il aurait fini.*
Nous finirions.	*Nous aurions fini.*
Vous finiriez.	*Vous auriez fini.*
Ils finiraient.	*Ils auraient fini* (1).

Mode impératif.

Point de 1re personne.	*Finissons.*
Finis.	*Finissez.*

Mode subjonctif.

PRÉSENT OU FUTUR.	PASSÉ.
Que je finisse.	*Que j'aie fini.*
Que tu finisses.	*Que tu aies fini.*
Qu'il finisse.	*Qu'il ait fini.*
Que nous finissions.	*Que nous ayons fini.*
Que vous finissiez.	*Que vous ayez fini.*
Qu'ils finissent.	*Qu'ils aient fini.*

IMPARFAIT.	PLUS-QUE-PARFAIT.
Que je finisse.	*Que j'eusse fini.*
Que tu finisses.	*Que tu eusses fini.*
Qu'il finît.	*Qu'il eût fini.*
Que nous finissions.	*Que nous eussions fini.*
Que vous finissiez.	*Que vous eussiez fini.*
Qu'ils finissent.	*Qu'ils eussent fini.*

Mode infinitif.

PRÉSENT.	PASSÉ.
Finir.	*Avoir fini.*

---

(1) On dit aussi : *J'eusse fini, tu eusses fini, il eût fini, nous eussions fini, vous eussiez fini, ils eussent fini.*

Mode participe.

PRÉSENT.	PASSÉ.
Finissant.	*Fini, ayant fini.*

CONJUGUEZ AINSI : *Avertir, embellir, ensevelir, guérir, nourrir, punir, remplir, ternir, unir, fournir, abolir, crépir, polir, vernir, brunir, etc.*

3e CONJUGAISON EN *OIR*.

Mode indicatif.

PRÉSENT.	PASSÉ INDÉFINI.
Je reçois.	*J'ai reçu.*
Tu reçois.	*Tu as reçu.*
Il reçoit.	*Il a reçu.*
Nous recevons.	*Nous avons reçu.*
Vous recevez.	*Vous avez reçu.*
Ils reçoivent.	*Ils ont reçu.*

IMPARFAIT.	PASSÉ ANTÉRIEUR.
Je recevais.	*J'eus reçu.*
Tu recevais.	*Tu eus reçu.*
Il recevait.	*Il eut reçu.*
Nous recevions.	*Nous eûmes reçu.*
Vous receviez.	*Vous eûtes reçu.*
Ils recevaient.	*Ils eurent reçu.*

PASSÉ DÉFINI.	PLUS-QUE-PARFAIT.
Je reçus.	*J'avais reçu.*
Tu reçus.	*Tu avais reçu.*
Il reçut.	*Il avait reçu.*
Nous reçûmes.	*Nous avions reçu.*
Vous reçûtes.	*Vous aviez reçu.*
Ils reçurent.	*Ils avaient reçu.*

FUTUR.	FUTUR ANTÉRIEUR.
Je recevrai.	*J'aurai reçu.*
Tu recevras.	*Tu auras reçu.*
Il recevra.	*Il aura reçu.*
Nous recevrons.	*Nous aurons reçu.*
Vous recevrez.	*Vous aurez reçu.*
Ils recevront.	*Ils auront reçu.*

Mode conditionnel.

PRÉSENT.	PASSÉ.
Je recevrais.	*J'aurais reçu.*
Tu recevrais.	*Tu aurais reçu.*
Il recevrait.	*Il aurait reçu.*
Nous recevrions.	*Nous aurions reçu.*
Vous recevriez.	*Vous auriez reçu.*
Ils recevraient.	*Ils auraient reçu* (1).

Mode impératif.

Point de 1re personne.	*Recevons.*
Reçois.	*Recevez.*

Mode subjonctif.

PRÉSENT OU FUTUR.	*Que tu reçusses.*
Que je reçoive.	*Qu'il reçût.*
Que tu reçoives.	*Que nous reçussions.*
Qu'il reçoive.	*Que vous reçussiez.*
Que nous recevions.	*Qu'ils reçussent.*
Que vous receviez.	
Qu'ils reçoivent.	PASSÉ.
	Que j'aie reçu.
IMPARFAIT.	*Que tu aies reçu.*
Que je reçusse.	*Qu'il ait reçu.*

---

(1) On dit aussi : *J'eusse reçu, tu eusses reçu, il eût reçu, nous eussions reçu, vous eussiez reçu, ils eussent reçu.*

Que nous ayons reçu. | Que tu eusses reçu.
Que vous ayez reçu. | Qu'il eût reçu.
Qu'ils aient reçu. | Que nous eussions reçu.
PLUS-QUE-PARFAIT. | Que vous eussiez reçu.
Que j'eusse reçu. | Qu'ils eussent reçu.

Mode infinitif.

PRÉSENT. | PASSÉ.
Recevoir. | Avoir reçu.

Mode participe.

PRÉSENT. | PASSÉ.
Recevant. | Reçu, ayant reçu.

CONJUGUEZ AINSI : *Apercevoir, concevoir, devoir, percevoir, redevoir, etc.*

4ᵉ CONJUGAISON EN *RE*.

Mode indicatif.

PRÉSENT. | PASSÉ DÉFINI.
Je rends. | Je rendis.
Tu rends. | Tu rendis.
Il rend. | Il rendit.
Nous rendons. | Nous rendîmes.
Vous rendez. | Vous rendîtes.
Ils rendent. | Ils rendirent.

IMPARFAIT. | PASSÉ INDÉFINI.
Je rendais. | J'ai rendu.
Tu rendais. | Tu as rendu.
Il rendait. | Il a rendu.
Nous rendions. | Nous avons rendu.
Vous rendiez. | Vous avez rendu.
Ils rendaient. | Ils ont rendu.

PASSÉ ANTÉRIEUR.	FUTUR.
J'eus rendu.	*Je rendrai.*
Tu eus rendu.	*Tu rendras.*
Il eut rendu.	*Il rendra.*
Nous eûmes rendu.	*Nous rendrons.*
Vous eûtes rendu.	*Vous rendrez.*
Ils eurent rendu.	*Ils rendront.*

PLUS-QUE-PARFAIT.	FUTUR ANTÉRIEUR.
J'avais rendu.	*J'aurai rendu.*
Tu avais rendu.	*Tu auras rendu.*
Il avait rendu.	*Il aura rendu.*
Nous avions rendu.	*Nous aurons rendu.*
Vous aviez rendu.	*Vous aurez rendu.*
Ils avaient rendu.	*Ils auront rendu.*

Mode conditionnel.

PRÉSENT.	PASSÉ.
Je rendrais.	*J'aurais rendu.*
Tu rendrais.	*Tu aurais rendu.*
Il rendrait.	*Il aurait rendu.*
Nous rendrions.	*Nous aurions rendu.*
Vous rendriez.	*Vous auriez rendu.*
Ils rendraient.	*Ils auraient rendu* (1).

Mode impératif.

Point de 1re personne.	*Rendons.*
Rends.	*Rendez.*

Mode subjonctif.

PRÉSENT OU FUTUR.	*Que tu rendes.*
Que je rende.	*Qu'il rende.*

---

(1) On dit aussi : *J'eusse rendu, tu eusses rendu, il eût rendu, nous eussions rendu, vous eussiez rendu, ils eussent rendu.*

Que nous rendions.
Que vous rendiez.
Qu'ils rendent.

IMPARFAIT.

Que je rendisse.
Que tu rendisses.
Qu'il rendît.
Que nous rendissions.
Que vous rendissiez.
Qu'ils rendissent.

PASSÉ.

Que j'aie rendu.

Que tu aies rendu.
Qu'il ait rendu.
Que nous ayons rendu.
Que vous ayez rendu.
Qu'ils aient rendu.

PLUS-QUE-PARFAIT.

Que j'eusse rendu.
Que tu eusses rendu.
Qu'il eût rendu.
Que nous eussions rendu.
Que vous eussiez rendu.
Qu'ils eussent rendu.

Mode infinitif.

PRÉSENT.

Rendre.

PASSÉ.

Avoir rendu.

Mode participe.

PRÉSENT.

Rendant.

PASSÉ.

Rendu, ayant rendu.

CONJUGUEZ AINSI : *Apprendre, attendre, défendre, entendre, fendre, fondre, perdre, répandre, suspendre, vendre, etc.*

Formation des Temps dans les Verbes actifs.

55. Il y a dans les verbes actifs *cinq temps* qui, au moyen de certains changements, servent à former tous les autres. On les appelle pour cette raison *temps primitifs;* ce sont :

Le *présent de l'indicatif,* le *passé défini,* le présent *de l'infinitif,* le *participe présent* et le *participe passé.*

Tous les autres temps, sans exception, découlent ou dérivent de ces cinq temps, et s'appellent pour cette raison *temps dérivés* : de sorte que, lorsqu'un élève connait bien les cinq temps primitifs d'un verbe, il lui est facile d'en connaître tous les autres temps, et de conjuguer tout le verbe.

Voici, en prenant les temps dans le même ordre que nous avons suivi pour conjuguer les verbes, la manière dont les temps dérivés se forment des temps primitifs :

Mode indicatif.

Le *présent*, comme temps primitif, ne se forme d'aucun autre. Cependant les trois personnes du pluriel se forment du participe présent, en changeant *ant* en *ons, ez, ent* : Aim *ant*, nous aim *ons*, vous aim *ez*, ils aim *ent*.

REMARQUEZ, sur les verbes de la troisième conjugaison, qu'à la troisième personne du pluriel ils prennent toujours la double voyelle *oi*, *eu*, *etc.*, qui se trouve à la première personne du singulier. Ainsi l'on dit : Recev *ant*, nous recev *ons*, vous recev *ez*, ils reçoiv *ent* (et non pas ils recev *ent*), parce qu'on dit à la première personne, je re *çois*. — De même, *mouvoir*, participe présent mouv *ant*, fait : nous mouv *ons*, vous mouv *ez*, ils meuv *ent* (et non pas ils mouv *ent*), parce qu'on dit à la première personne, je *meus*.

L'*imparfait* se forme du participe présent, en changeant *ant* en *ais* : Aim *ant*, j'aim *ais*; finiss *ant*, je finiss *ais*.

Le *passé défini*, comme temps primitif, ne se forme d'aucun autre.

Le *passé indéfini*, le *passé antérieur* et le *plus-que-parfait* se forment du participe passé, auquel on ajoute un des temps de l'indicatif du verbe *avoir* : Passé indéfini : *J'ai aimé, j'ai fini ;* — passé antérieur : *J'eus aimé, j'eus fini ;* — plus-que-parfait : *J'avais aimé, j'avais fini.*

Le *futur* se forme du présent de l'infinitif, en ajoutant *ai* immédiatement après l'ʀ qui se trouve toujours à l'infinitif : Aimeʀ, j'aimeʀ *ai ;* finiʀ, je finiʀ *ai ;* rendʀe, je rendʀ *ai.*

RᴇᴍᴀʀQuᴇᴢ, sur les verbes de la troisième conjugaison, qu'outre l'addition de *ai*, on retranche la double voyelle *oi.* Ainsi, *recevoir,* qui devrait faire *je recevoiʀ ai,* fait, en retranchant *oi : je recevʀ ai.* De même, *apercevoiʀ* fait *j'apercevʀ ai ; mouvoiʀ* fait *je mouvʀ ai.*

Le *futur antérieur* se forme du participe passé, auquel on ajoute le futur simple du verbe *avoir* : *J'aurai aimé, j'aurai fini, etc.*

Mode conditionnel.

Le *présent* se forme, comme le futur, du présent de l'infinitif, en ajoutant *ais* au lieu de *ai* immédiatement après l'ʀ final de l'infinitif : Aimeʀ, j'aimeʀ *ais ;* finiʀ, je finiʀ *ais.*

RᴇᴍᴀʀQuᴇᴢ, sur les verbes de la troisième conjugaison, qu'on retranche, comme au futur, la double voyelle *oi : recevoir, je recevrais,* et non pas *je recevoirais.*

Le *passé* se forme du participe passé, auquel on ajoute le conditionnel présent du verbe *avoir* : *J'aurais aimé, j'aurais fini, etc.*

Mode impératif.

L'impératif se forme du présent de l'indicatif en

supprimant simplement les pronoms : *Tu aimes,* impér. *aime; nous aimons,* impér. *aimons; tu finis,* impér. *finis; nous finissons,* impér. *finissons.*

REMARQUEZ, sur les verbes de la première conjugaison, qu'on supprime de plus l'*s* qui est toujours à la seconde personne du présent de l'indicatif.

Mode subjonctif.

Le *présent* se forme du participe présent, en changeant *ant* en *e* : Aim *ant,* que j'aim *e;* finiss *ant,* que je finiss *e, etc.*

REMARQUEZ, sur les verbes de la troisième conjugaison, qu'aux trois personnes du singulier et à la troisième personne du pluriel, ils prennent toujours la double voyelle *oi, eu, etc.,* qui se trouve au présent de l'indicatif. Ainsi l'on ne dit pas : Recev *ant,* que je recev *e,* que tu recev *es, etc.;* mais que je reç *oive,* que tu reç *oives,* qu'il reç *oive,* parce qu'on dit au présent de l'indicatif je *reçois,* tu *reçois.* De même, on ne dit pas mouv *ant,* que je mouv *e,* que tu mouv *es;* mais que je *meuve,* que tu *meuves,* parce qu'on dit, je *meus,* tu *meus.*

L'*imparfait* se forme du passé défini, en ajoutant *se* à la seconde personne du singulier : Tu aimas, que j'aimas *se;* tu finis, que je finis *se;* tu reçus, que je reçus *se.*

Le *passé* et le *plus-que-parfait* se forment du participe passé, auquel on ajoute un des temps du subjonctif du verbe *avoir : Que j'aie aimé, que j'aie fini; que j'eusse aimé, que j'eusse fini, etc.*

Mode infinitif.

Le *présent,* comme temps primitif, ne se forme d'aucun autre.

Le *passé* se forme du participe passé, auquel on ajoute le présent de l'infinitif du verbe *avoir* : *Avoir aimé, avoir fini*, etc.

Mode participe.

Le présent et le *passé*, comme temps primitifs, ne se forment d'aucun autre.

Nota. — Remarquez que tous les temps dans lesquels il entre un des temps du verbe *avoir* ou du verbe *être*, s'appellent temps *composés*, parce qu'ils sont en effet composés de deux mots, comme *j'ai été, j'ai eu, j'aurais aimé*, etc. Les autres, par opposition, s'appellent temps *simples*, comme *j'aime, que j'aimasse, etc.*

Remarques générales sur les Verbes actifs.

56. Voici les remarques à faire sur les temps simples des verbes actifs, en suivant l'ordre dans lequel ils se trouvent :

A l'indicatif. — Le *présent* est terminé à la première personne par *e*, ou bien par *s* ou *x*. S'il se termine par *e, j'aime, j'ouvre*, on ajoute *s* à la seconde, et la troisième est semblable à la première. *Ex.* : J'aim *e*, tu aim *es*, il aim *e*. — S'il se termine par *s* ou *x* (1), *je finis, je peux*, la seconde personne est semblable à la première, et la troisième finit ordinairement par un *t*, ou bien par un *d*, mais dans quelques verbes seulement. *Ex.* : Je fin *is*, tu fin *is*, il fin *it* ; je peu *x*, tu peu *x*, il peu *t, etc.*

L'*imparfait* est toujours terminé par *ais, ais, ait* : j'aim *ais*, tu finiss *ais*, il rend *ait, etc.*

Le *passé défini* est toujours terminé par *ai, as, a*, dans les verbes de la première conjugaison : j'aim *ai*, tu aim *as*, il aim *a* ; — et par *s, s, t*, dans tous les autres : je fini *s*, tu fini *s*, il fini *t* ; je reçu *s*, tu reçu *s*, il reçu *t, etc.*

---

(1) Il se termine ordinairement par *x*, quand il est *au* ou *eu*.

Remarquez qu'à ce temps la première personne et la seconde du pluriel ont toujours un accent circonflexe : nous *aimâmes*, vous *aimâtes*, etc.

Le *futur* est toujours terminé par *rai*, *ras*, *ra* : j'aime *rai*, tu fini *ras*, il rend *ra*.

Remarquez qu'à ce temps la terminaison *rai*, *ras*, *ra*, n'est précédée d'un *e* muet, et ne devient *erai*, *eras*, *era*, comme j'aim *erai*, tu frapp *eras*, que dans les verbes de la première conjugaison. Ecrivez donc : j'aim *erai*, je pli *erai*, je remerci *erai* ; mais n'écrivez pas : je rend *erai*, je batt *erai* ; il faut : je rend *rai*, je batt *rai*.

Au conditionnel. — Le *présent* est toujours terminé par *rais*, *rais*, *rait* : j'aime *rais*, tu fini *rais*, il rend *rait*, etc.

Remarquez qu'à ce temps, la terminaison *rais*, *rais*, *rait*, n'est précédée d'un *e* muet, et ne devient *erais*, *erais*, *erait*, comme au futur, que dans les verbes de la première conjugaison. Ecrivez donc : j'aim *erais*, je pri *erais* ; mais n'écrivez pas : je rend *e-rais*, je batt *erais* ; il faut : je rend *rais*, je batt *rais*.

A l'impératif. — Ce mode est toujours terminé comme le présent de l'indicatif, sans aucun changement : aim *e*, fin *is*, reço *is*, rend *s* (1). Cependant les verbes de la première conjugaison retranchent à l'impératif, comme nous l'avons déjà dit, l's qu'ils ont à la seconde personne du présent de l'indicatif : aim *e*, et non pas aim *es*.

Au subjonctif. — Le *présent* est toujours terminé par *e*, *es*, *e* : que j'aim *e*, que tu finiss *es*, qu'il rend *e*, etc. Cependant le verbe être fait que je *sois*, que tu *sois*, qu'il *soit*, et le verbe avoir, qu'il *ait*.

____

(1) Excepté pourtant les quatre verbes *avoir*, *être*, *aller*, *savoir*, qui font : *aie*, *sois*, *va*, *sache*.

L'imparfait est toujours terminé par *sse*, *sses*, *t* : que j'aima *sse*, que tu aima *sses*, qu'il aimâ *t* ; que je fini *sse*, que tu fini *sses*, qu'il fini *t*, *etc.*

Remarquez qu'à ce temps, la troisième personne du singulier a toujours un accent circonflexe : qu'il aim *ât*, qu'il reç *ût*.

Au participe. — Le *présent* est toujours terminé par *ant* : aim *ant*, finiss *ant*, rend *ant*, *etc.*

Le *passé* est terminé différemment selon les verbes ; c'est tantôt par *é*, tantôt par *i*, tantôt par *u*, tantôt par *t*, *etc.* : aim *é*, fin *i*, reç *u*, prom *is*, instrui *t*, *etc.*

Remarquez 1° qu'on est souvent embarrassé sur la manière de terminer le participe passé au masculin singulier : ainsi, on ne sait pas s'il faut écrire *reçu* ou *reçut*, *fini* ou *finis*, *etc.* Or, il y a un moyen facile de s'y reconnaître : c'est de voir comment fait le participe passé au féminin singulier ; de ce féminin retranchez l'*e* muet, et vous aurez le participe passé masculin. Ainsi, *reçu* finira par *u* simplement, parce qu'on dit au féminin *reçue* et non pas *reçute* ; *instruit* finira par un *t*, parce qu'on dit au féminin *instruite* ; *promis* finira par un *s*, parce qu'on dit au féminin *promise* (1).

Remarquez 2° sur tous les temps que nous venons de voir, qu'il y en a six qui sont toujours terminés de la même manière dans tous les verbes ; ce sont l'*imparfait* de l'indicatif ais, le *futur* rai, le *présent* du conditionnel rais, le *présent* du subjonctif e, l'*imparfait* du subjonctif sse, et le *présent* du participe ant.

Nota. — On trouvera à la dernière page de la grammaire

____

(1) *Absoudre* et *dissoudre* font pourtant *absous* et *dissous* avec un *s*, quoique le féminin soit *absoute*, *dissoute*.

des remarques particulières sur les verbes de la 1re conjugaison en *cer, ger, eler, eter, etc.;* les maîtres les feront apprendre, quand ils le jugeront à propos.

RÈGLE DES VERBES,
OU MANIÈRE DE FAIRE ACCORDER LES VERBES AVEC LEUR SUJET.

Je parle.

57. RÈGLE. — Tout verbe doit être du même nombre et de la même personne que son sujet. *Ex.* :

Je parle : *parle* est du nombre singulier et de la
première personne, parce que *je,* son sujet, est du
singulier et de la première personne. *L'enfant dort :*
dort est au singulier et à la troisième personne, parce
que *enfant,* son sujet, est du singulier et de la troisième personne.

REMARQUEZ 1º que lorsqu'un verbe a deux sujets
singuliers, on met ce verbe au pluriel, parce que
deux singuliers valent un pluriel. Ex. : *Pierre et
Paul* JOUENT.

REMARQUEZ 2º que si les deux sujets sont de différentes personnes, on met le verbe à la plus noble
personne : la première est plus noble que la seconde,
la seconde est plus noble que la troisième. Ex. : Vous
et MOI *nous nous* PORTONS BIEN.

REMARQUEZ 3º que la politesse française veut qu'on
nomme d'abord la personne à qui l'on parle, et
qu'on se nomme le dernier : *vous et moi, vous et
votre frère,* et non pas *moi et vous, votre frère et
vous.* Par politesse aussi, on dit *vous* au lieu de *tu*
au singulier ; par exemple, en parlant à un enfant,
on dit : Vous ÊTES *bien aimable,* au lieu de *tu es bien
aimable.*

NOTA. — La règle que nous venons de donner, avec les remarques qui l'accompagnent, regarde également tous les
autres verbes, verbes passifs, verbes pronominaux, etc.

II.

DEUXIÈME SECTION.

Verbes passifs.

58. Les verbes *passifs* sont ceux où le sujet reçoit l'action marquée par le verbe, comme quand je dis : *Je suis frappé par quelqu'un; je suis aimé de Dieu.*

Les verbes passifs se forment tous de verbes actifs, en prenant le participe passé auquel on joint le verbe *être.* Ainsi, *aimer* fait au passif *être aimé; finir, être fini,* etc.

La manière de conjuguer les verbes passifs est extrêmement facile : il suffit d'ajouter au verbe *être,* dans tous ses temps, le participe passé du verbe actif qu'on veut conjuguer passivement.

Voici un modèle de la conjugaison des verbes passifs :

Mode indicatif.

PRÉSENT.	PASSÉ DÉFINI.
Je suis aimé.	*Je fus aimé.*
Tu es aimé.	*Tu fus aimé.*
Il est aimé.	*Il fut aimé.*
Nous sommes aimés.	*Nous fûmes aimés.*
Vous êtes aimés.	*Vous fûtes aimés.*
Ils sont aimés.	*Ils furent aimés.*

IMPARFAIT.	PASSÉ INDÉFINI.
J'étais aimé.	*J'ai été aimé.*
Tu étais aimé.	*Tu as été aimé.*
Il était aimé.	*Il a été aimé.*
Nous étions aimés.	*Nous avons été aimés.*
Vous étiez aimés.	*Vous avez été aimés.*
Ils étaient aimés.	*Ils ont été aimés.*

PASSÉ ANTÉRIEUR.	FUTUR.
J'eus été aimé.	*Je serai aimé.*
Tu eus été aimé.	*Tu seras aimé.*
Il eut été aimé.	*Il sera aimé.*
Nous eûmes été aimés.	*Nous serons aimés.*
Vous eûtes été aimés.	*Vous serez aimés.*
Ils eurent été aimés.	*Ils seront aimés.*

PLUS-QUE-PARFAIT.	FUTUR ANTÉRIEUR.
J'avais été aimé.	*J'aurai été aimé.*
Tu avais été aimé.	*Tu auras été aimé.*
Il avait été aimé.	*Il aura été aimé.*
Nous avions été aimés.	*Nous aurons été aimés.*
Vous aviez été aimés.	*Vous aurez été aimés.*
Ils avaient été aimés.	*Ils auront été aimés.*

Mode conditionnel.

PRÉSENT.	PASSÉ.
Je serais aimé.	*J'aurais été aimé.*
Tu serais aimé.	*Tu aurais été aimé.*
Il serait aimé.	*Il aurait été aimé.*
Nous serions aimés.	*Nous aurions été aimés.*
Vous seriez aimés.	*Vous auriez été aimés.*
Ils seraient aimés.	*Ils auraient été aimés* (1).

Mode impératif.

Point de 1re personne.	*Soyons aimés.*
Sois aimé.	*Soyez aimés.*

Mode subjonctif.

PRÉSENT OU FUTUR.	*Qu'il soit aimé.*
	Que nous soyons aimés.
Que je sois aimé.	*Que vous soyez aimés.*
Que tu sois aimé.	*Qu'ils soient aimés.*

---

(1) On dit aussi : *J'eusse été aimé, tu eusses été aimé, il eût été aimé, nous eussions été aimés, vous eussiez été aimés, ils eussent été aimés.*

IMPARFAIT.

Que je fusse aimé.
Que tu fusses aimé.
Qu'il fût aimé.
Que nous fussions aimés.
Que vous fussiez aimés.
Qu'ils fussent aimés.

PASSÉ.

Que j'aie été aimé.
Que tu aies été aimé.
Qu'il ait été aimé.
Que nous ayons été aimés.
Que vous ayez été aimés.
Qu'ils aient été aimés.

PLUS-QUE-PARFAIT.

Que j'eusse été aimé.
Que tu eusses été aimé.
Qu'il eût été aimé.
Que nous eussions été aimés
Que vous eussiez été aimés.
Qu'ils eussent été aimés.

Mode infinitif.

PRÉSENT.	PASSÉ.
Être aimé.	*Avoir été aimé.*

Mode participe.

PRÉSENT.	PASSÉ.
Étant aimé.	*Aimé, ayant été aimé.*

CONJUGUEZ AINSI : *Être fini, être reçu, être rendu, être loué, être frappé, être pris, être conduit, être perdu, etc.*

III.

TROISIÈME SECTION.

Verbes pronominaux.

59. Les verbes *pronominaux*, proprement dits, sont ceux où le sujet *fait* et *reçoit* tout à la fois l'action marquée par le verbe, comme quand je dis : *Je me frappe, je m'aime, etc.*

Les verbes pronominaux se forment pour la plupart de verbes actifs ou de verbes neutres, en ajoutant simplement à ceux-ci les pronoms *me, te, se, nous*, *vous*, *se*. Ainsi, du verbe actif *frapper*, on forme le verbe pronominal *se frapper*, et l'on dit : *Je me frappe*, *tu te frappes*, *il se frappe*, etc. Ils ont donc ceci de remarquable, qu'ils prennent dans tous leurs temps deux pronoms, et que ces deux pronoms sont de la même personne. Le premier sert de sujet, le second de complément.

La manière de conjuguer les verbes pronominaux est facile : ceux qui sont terminés en *er*, comme *se promener*, se conjuguent sur *aimer*; ceux en *ir*, comme *se réunir*, se conjuguent sur *finir*, etc., etc. La seule différence, c'est que dans les temps composés, on remplace l'auxiliaire *avoir* par l'auxiliaire *être*. Ainsi, dans *se tromper*, on ne dira pas au passé indéfini, *je m'ai trompé*, mais *je me suis trompé ;* au plus-que-parfait, *je m'avais trompé*, mais *je m'étais trompé*, etc.

Voici un modèle de la conjugaison des verbes pronominaux :

Mode indicatif.

PRÉSENT.	PASSÉ DÉFINI.
Je me flatte.	*Je me flattai.*
Tu te flattes.	*Tu te flattas.*
Il se flatte.	*Il se flatta.*
Nous nous flattons.	*Nous nous flattâmes.*
Vous vous flattez.	*Vous vous flattâtes.*
Ils se flattent.	*Ils se flattèrent.*

IMPARFAIT.	PASSÉ INDÉFINI.
Je me flattais.	*Je me suis flatté.*
Tu te flattais.	*Tu t'es flatté.*
Il se flattait.	*Il s'est flatté.*
Nous nous flattions.	*Nous nous sommes flattés.*
Vous vous flattiez.	*Vous vous êtes flattés.*
Ils se flattaient.	*Ils se sont flattés.*

PASSÉ ANTÉRIEUR.	FUTUR.
Je me fus flatté.	*Je me flatterai.*
Tu te fus flatté.	*Tu te flatteras.*
Il se fut flatté.	*Il se flattera.*
Nous nous fûmes flattés.	*Nous nous flatterons.*
Vous vous fûtes flattés.	*Vous vous flatterez.*
Ils se furent flattés.	*Ils se flatteront.*

PLUS-QUE-PARFAIT.	FUTUR ANTÉRIEUR.
Je m'étais flatté.	*Je me serai flatté.*
Tu t'étais flatté.	*Tu te seras flatté.*
Il s'était flatté.	*Il se sera flatté.*
Nous nous étions flattés.	*Nous nous serons flattés.*
Vous vous étiez flattés.	*Vous vous serez flattés.*
Ils s'étaient flattés.	*Ils se seront flattés.*

Mode conditionnel.

PRÉSENT.	PASSÉ.
Je me flatterais.	*Je me serais flatté.*
Tu te flatterais.	*Tu te serais flatté.*
Il se flatterait.	*Il se serait flatté.*
Nous nous flatterions.	*Nous nous serions flattés.*
Vous vous flatteriez.	*Vous vous seriez flattés.*
Ils se flatteraient.	*Ils se seraient flattés (1).*

Mode impératif.

Point de 1re personne.	*Flattons-nous.*
Flatte-toi.	*Flattez-vous.*

Mode subjonctif.

PRÉSENT OU FUTUR.	*Qu'il se flatte.*
	Que nous nous flattions.
Que je me flatte.	*Que vous vous flattiez.*
Que tu te flattes.	*Qu'ils se flattent.*

---

(1) On dit aussi : *Je me fusse flatté, tu te fusses flatté, il se fût flatté, nous nous fussions flattés, vous vous fussiez flattés, ils se fussent flattés.*

IMPARFAIT.	Qu'il se soit flatté.
Que je me flattasse.	Que nous nous soyons flattés
Que tu te flattasses.	Que vous vous soyez flattés.
Qu'il se flattât.	Qu'ils se soient flattés.
Que nous nous flattassions	PLUS-QUE-PARFAIT.
Que vous vous flattassiez.	Que je me fusse flatté.
Qu'ils se flattassent.	Que tu te fusses flatté.
	Qu'il se fût flatté.
PASSÉ.	Que nous nous fussions flattés
Que je me sois flatté.	Que vous vous fussiez flattés
Que tu te sois flatté.	Qu'ils se fussent flattés.

Mode infinitif.

PRÉSENT.	PASSÉ.
Se flatter.	S'être flatté.

Mode participe.

PRÉSENT.	PASSÉ.
Se flattant.	S'étant flatté.

CONJUGUEZ AINSI : *Se louer, se plaindre, s'estimer, se repentir, s'apercevoir, se vanter, se taire, se réjouir, se conduire, se battre, se blâmer, etc.*

REMARQUEZ qu'on est convenu de donner le nom de *verbes pronominaux* à tous les verbes qui sont conjugués avec deux pronoms de la même personne, sans considérer si le sujet *fait* et *reçoit* sur lui-même l'action marquée par le verbe; mais ce sont des verbes pronominaux *improprement dits.* Ainsi ces verbes : *je me tais, tu te tais, etc.; je me doute, tu te doutes, etc.,* qui sont conjugués avec deux pronoms de la même personne, doivent être regardés comme des verbes pronominaux, bien que le sujet ne *fasse pas sur lui-même* l'action marquée par le verbe, comme il est facile de le voir.

IV.
QUATRIÈME SECTION.
Verbes neutres.

60. Les verbes *neutres* sont, comme les verbes actifs, des verbes où le sujet fait généralement l'action marquée par le verbe ; mais ils en diffèrent, *en ce qu'ils ne peuvent jamais avoir de complément direct.*

Comme nous l'avons déjà dit, on reconnaît qu'un verbe est neutre, toutes les fois qu'on ne peut mettre immédiatement après lui *quelqu'un*, ni *quelque* chose. Ainsi, *languir, dormir*, sont des verbes neutres, parce qu'on ne peut pas dire *languir quelqu'un, dormir quelque chose*, etc.

La manière de conjuguer les verbes neutres est facile : ceux qui sont terminés en *er*, comme *tomber*, se conjuguent sur *aimer* ; ceux en *ir*, comme *dormir*, se conjuguent sur *finir*, etc., etc. La seule différence, c'est que dans leurs temps composés, *quelques-uns* de ces verbes remplacent l'auxiliaire *avoir* des verbes actifs par l'auxiliaire *être*. Ainsi, dans *tomber*, on ne dira pas au passé indéfini, *j'ai tombé*, mais *je suis tombé* ; au plus-que-parfait, *j'avais tombé*, mais *j'étais tombé*, etc.

Voici un modèle de conjugaison des verbes neutres conjugués avec l'auxiliaire ÊTRE :

Mode indicatif.

PRÉSENT.	IMPARFAIT.
Je tombe.	*Je tombais.*
Tu tombes.	*Tu tombais.*
Il tombe.	*Il tombait.*
Nous tombons.	*Nous tombions.*
Vous tombez.	*Vous tombiez.*
Ils tombent.	*Ils tombaient.*

3*

PASSÉ DÉFINI.	PLUS-QUE-PARFAIT.
Je tombai.	*J'étais tombé.*
Tu tombas.	*Tu étais tombé.*
Il tomba.	*Il était tombé.*
Nous tombâmes.	*Nous étions tombés.*
Vous tombâtes.	*Vous étiez tombés.*
Ils tombèrent.	*Ils étaient tombés.*

PASSÉ INDÉFINI.	FUTUR.
Je suis tombé.	*Je tomberai.*
Tu es tombé.	*Tu tomberas.*
Il est tombé.	*Il tombera.*
Nous sommes tombés.	*Nous tomberons.*
Vous êtes tombés.	*Vous tomberez.*
Ils sont tombés.	*Ils tomberont.*

PASSÉ ANTÉRIEUR.	FUTUR ANTÉRIEUR.
Je fus tombé.	*Je serai tombé.*
Tu fus tombé.	*Tu seras tombé.*
Il fut tombé.	*Il sera tombé.*
Nous fûmes tombés.	*Nous serons tombés.*
Vous fûtes tombés.	*Vous serez tombés.*
Ils furent tombés.	*Ils seront tombés.*

Mode conditionnel.

PRÉSENT.	PASSÉ.
Je tomberais.	*Je serais tombé.*
Tu tomberais.	*Tu serais tombé.*
Il tomberait.	*Il serait tombé.*
Nous tomberions.	*Nous serions tombés.*
Vous tomberiez.	*Vous seriez tombés.*
Ils tomberaient.	*Ils seraient tombés* (1).

---

(1) On dit aussi : *Je fusse tombé, tu fusses tombé, il fût tombé, nous fussions tombés, vous fussiez tombés, ils fussent tombés.*

Mode impératif.

Point de 1re personne.	Tombons.
Tombe.	Tombez.

Mode subjonctif.

PRÉSENT OU FUTUR.

Que je tombe.
Que tu tombes.
Qu'il tombe.
Que nous tombions.
Que vous tombiez.
Qu'ils tombent.

PASSÉ.

Que je sois tombé.
Que tu sois tombé.
Qu'il soit tombé.
Que nous soyons tombés.
Que vous soyez tombés.
Qu'ils soient tombés.

IMPARFAIT.

Que je tombasse.
Que tu tombasses.
Qu'il tombât.
Que nous tombassions.
Que vous tombassiez.
Qu'ils tombassent.

PLUS-QUE-PARFAIT.

Que je fusse tombé.
Que tu fusses tombé.
Qu'il fût tombé.
Que nous fussions tombés.
Que vous fussiez tombés.
Qu'ils fussent tombés.

Mode infinitif.

PRÉSENT.

Tomber.

PASSÉ.

Être tombé.

Mode participe.

PRÉSENT.

Tombant.

PASSÉ.

Tombé, étant tombé.

CONJUGUEZ AINSI : *Arriver, sortir, partir, entrer, rester, descendre, monter, passer, retomber,* etc.

REMARQUEZ, sur les verbes neutres, que quelques-uns sont à la fois *neutres* et *actifs :* ils sont *neutres,* quand ils n'ont pas de régime direct ; *actifs,* quand ils en ont un. Ainsi, *parler* est verbe *neutre* dans cette phrase : JE PARLE *à mon père de mes progrès ;* — il est verbe *actif* dans celle-ci : *c'est un homme* qui PARLE *bien sa langue.*

V.

CINQUIEME SECTION.
Verbes impersonnels.

61. Les verbes impersonnels sont ceux où il n'y a point de sujet, c'est-à-dire point de personne par qui soit faite l'action marquée par le verbe, comme quand je dis : *il faut, il importe, il pleut, etc.*

On reconnaît qu'un verbe est impersonnel, toutes les fois que le mot *il* dont il est précédé, ne tient la place d'aucun nom. Ainsi, lorsqu'en parlant d'un enfant, on dit : *il joue ;* ce n'est pas là un verbe impersonnel, parce qu'à la place du mot *il,* on peut mettre *enfant,* et dire *l'enfant joue.* Mais si l'on dit : *il faut, il importe :* voilà· des verbes impersonnels, parce qu'il est impossible de remplacer *il* par quelque substantif.

La manière de conjuguer les verbes impersonnels est facile : ceux qui sont terminés en *er,* comme *tonner,* se conjuguent sur *aimer ;* ceux en *oir,* comme *pleuvoir,* sur *recevoir, etc., etc.* La seule différence, c'est que ces verbes ne s'emploient dans tous leurs temps qu'à la troisième personne du singulier, et qu'un grand nombre se conjuguent avec l'auxiliaire ÊTRE.

Voici un modèle de conjugaison des verbes impersonnels conjugués avec l'auxiliaire AVOIR.

Mode indicatif.

PRÉSENT.	PASSÉ INDÉFINI.
Il tonne.	*Il a tonné.*
IMPARFAIT.	PASSÉ ANTÉRIEUR.
Il tonnait.	*Il eut tonné.*
PASSÉ DÉFINI.	PLUS-QUE-PARFAIT.
Il tonna.	*Il avait tonné.*

FUTUR.	FUTUR ANTÉRIEUR.
Il tonnera.	*Il aura tonné.*

Mode conditionnel.

PRÉSENT.	PASSÉ.
Il tonnerait.	*Il aurait tonné* (1).

(Point d'impératif.)

Mode subjonctif.

PRÉSENT.	PASSÉ.
Qu'il tonne.	*Qu'il ait tonné.*
IMPARFAIT.	PLUS-QUE-PARFAIT.
Qu'il tonnât.	*Qu'il eût tonné.*

Mode infinitif.

PRÉSENT.	PASSÉ.
Tonner.	*Avoir tonné.*

Conjuguez ainsi : *Il neige, il pleut, il grêle, il faut, il importe, il semble, etc.*

Remarquez qu'on emploie souvent comme verbes impersonnels, des verbes qui sont neutres, passifs ou pronominaux, comme : il tombe *de la pluie ;* il se passe *des choses étranges ;* il a été pris *des mesures sévères.* Dans ces exemples, le verbe neutre *tomber*, le verbe pronominal *se passer, etc.*, sont employés impersonnellement, puisque, comme les verbes impersonnels, ils sont précédés de *il*, qui ne tient la place d'aucun substantif, et ne se rapporte à rien.

CHAPITRE VI.
DU PARTICIPE.

62. Le *participe* est un mot qui tient à la fois du verbe et de l'adjectif. Il tient du verbe, en ce que,

----

(1) On dit aussi : *Il eût tonné.*

comme lui, il exprime une action et peut avoir un complément direct ou indirect. Ex. : *Un enfant* AIMANT *Dieu ; un enfant* AIMÉ *de Dieu.* — Il tient de l'adjectif, en ce que, comme lui, il qualifie le substantif, et s'accorde souvent avec ce substantif en genre et en nombre. Ex. : *Vieillard honoré, vertu éprouvée.*

63. Il y a deux sortes de participes : le participe *présent* et le participe *passé.*

Le participe présent est toujours terminé en *ant,* comme *aimant, finissant, recevant, rendant.*

Le participe passé est terminé de différentes manières, *é, i, u, etc.,* comme *aimé, fini, reçu, rendu.*

RÈGLE DES PARTICIPES.

Heureux les enfants aimant Dieu !

64. RÈGLE I. — Le participe présent ne s'accorde jamais ni en genre ni en nombre avec le mot auquel il se rapporte ; il est toujours invariable. *Ex. :*

Heureux l'enfant AIMANT *Dieu !* — *Heureux les enfants* AIMANT *Dieu !*

Un homme LISANT, *des hommes* LISANT ; *une femme* LISANT, *des femmes* LISANT.

Heureux les enfants aimés de Dieu !

65. RÈGLE II. — Le participe passé s'accorde en genre et en nombre avec le mot auquel il se rapporte, c'est-à-dire qu'il prend un *e* au féminin, et un *s* au pluriel. *Ex. :*

Heureux l'enfant AIMÉ *de Dieu !* — *Heureux les enfants* AIMÉS *de Dieu !*

Mon frère a été PUNI, *mes frères ont été* PUNIS ; *ma sœur a été* PUNIE, *mes sœurs ont été* PUNIES.

Remarquez cependant que, lorsque le participe passé est accompagné de l'auxiliaire *avoir*, il ne s'accorde pas toujours avec le mot auquel il se rapporte; nous en parlerons plus loin.

CHAPITRE VII.

DE L'ADVERBE.

66. L'*adverbe* est un mot invariable que l'on ajoute au verbe, pour marquer *les différentes circonstances* de l'action exprimée par le verbe, comme la *manière* dont elle se fait, l'*ordre* dans lequel elle se fait, le *lieu*, le *temps* où elle se fait, etc., etc. (1).

Ainsi quand je dis : *cet enfant parle* MODESTEMENT; le mot MODESTEMENT est un adverbe, parce qu'il marque la *manière* dont l'enfant fait l'action exprimée par le verbe *parler*. — De même, quand je dis : *Cet homme vient* ICI, *il partira* DEMAIN; ces mots ICI et DEMAIN sont des adverbes, parce qu'ils marquent le *lieu* et le *temps* où se font les actions exprimées par les verbes *venir* et *partir*.

Il y a un moyen facile de reconnaître en général qu'un mot est adverbe; c'est de voir si, en le joignant à un verbe quelconque, il peut donner un sens complet et satisfaisant pour l'esprit, *seul et sans le secours d'aucun autre mot*. Ainsi *assidûment, jamais, bientôt, où, ne pas*, sont des adverbes, parce qu'en les joignant à un verbe, on peut dire, par exemple, avec un sens complet et satisfaisant pour

____

(1) L'adverbe s'ajoute aussi quelquefois à un adjectif, comme PLUS *sage*, TRÈS-*sage*, ou à un autre adverbe, comme PLUS *éloquemment*, TRÈS-*éloquemment*.

l'esprit : *il travaille* ASSIDUMENT ; *il ne se plaint* JA-MAIS ; *il viendra* BIENTÔT ; OU *allez-vous ? je* NE *pé-cherai* PAS, etc.

LISTE DES PRINCIPAUX ADVERBES.

67. Les principaux adverbes sont :

Sagement, poliment, agréablement, modestement, prudemment, doucement, et un très-grand nombre d'autres terminés en *ment* (adverbes de manière).

Premièrement, secondement, troisièmement, d'abord, ensuite, auparavant, etc. (adverbes d'ordre).

Où, ici, y, là, ailleurs, dehors, dedans (adverbes de lieu).

Hier, aujourd'hui, demain, autrefois, bientôt, souvent, toujours, jamais (adverbes de temps).

Combien, peu, beaucoup, moins, plus, davantage, tant, autant, assez, trop (adverbes de quantité).

REMARQUEZ qu'il ne faut pas confondre *là,* adverbe de lieu, qui prend l'accent grave, avec *la,* article, et *la,* pronom : *la,* article, est toujours suivi d'un nom ; *la,* pronom, est toujours suivi d'un verbe, et peut se tourner par *elle.*

CHAPITRE VIII.

DE LA PRÉPOSITION.

68. La *préposition* est un mot invariable qui, *à l'aide d'un second mot,* qu'on appelle son complément, sert à marquer, comme l'adverbe, les différentes circonstances de *manière, d'ordre, de lieu, de temps, de matière, de mesure, d'instrument, etc.*

Ainsi quand je dis : *Un vase* D'*or, un voile long* DE *trois aunes, frapper* AVEC *l'épée,* ces mots DE et

AVEC sont des prépositions, parce qu'à l'aide des substantifs *or*, *aunes*, *épée*, ils servent à marquer la *matière* dont le vase est fait, la *mesure* qu'a le voile, l'*instrument* avec lequel on frappe. —De même, quand je dis : *Je suis* EN *France*, *j'irai* A *Paris*, *je vais* CHEZ *mon père*, *je partirai* DANS *trois jours*; ces mots EN, A, CHEZ, DANS, sont des prépositions, parce qu'à l'aide des substantifs qui les suivent, ils servent à marquer le *lieu* où je vais, le *temps* où je partirai.

Il y a un moyen facile de reconnaître, en général, qu'un mot est préposition; c'est de voir si, en le joignant à un verbe quelconque, il ne peut donner un sens complet et satisfaisant pour l'esprit, qu'à *l'aide d'un second mot* qui le suive; dans ce cas, c'est une préposition.

Ainsi *par*, *avec*, sont des prépositions, parce qu'en les joignant à un verbe, on ne peut dire, par exemple, avec un sens complet et satisfaisant pour l'esprit : *Frapper* AVEC, *je tiens le loup* PAR; il faut nécessairement qu'il y ait *un second mot* qui suive, et qu'on dise, par exemple : *Frapper* AVEC L'ÉPÉE, *je tiens le loup* PAR LES OREILLES. — On distinguera donc la préposition de l'adverbe, en ce que l'adverbe peut toujours, étant joint à un verbe, présenter un sens complet et satisfaisant pour l'esprit, *seul et sans le secours d'aucun autre mot*.

LISTE DES PRINCIPALES PRÉPOSITIONS.

69. Les principales prépositions sont :

A; après, attendu, avant, avec, chez, contre, dans, de, depuis, derrière, dès, devant, durant.

En, entre, envers, excepté, hormis, malgré, moyen-

nant, nonobstant, outre, par, parmi, pendant pour.
Sans, sauf, selon, sous, suivant, touchant, vers.

Remarquez qu'il ne faut pas confondre *à*, préposition, avec *a*, 3ᵉ personne du verbe *avoir* : on met un accent grave sur *à* préposition : *je vais à Paris;* on n'en met point sur *a* verbe : *il a de l'esprit.*

Nota. — Plusieurs mots sont à la fois adverbes et prépositions, comme on l'apprendra facilement par l'usage.

CHAPITRE IX.

DE LA CONJONCTION.

70. La *conjonction* est un mot invariable qui sert à lier ensemble, soit les différentes phrases, soit les parties d'une même phrase, soit même les mots d'un discours.

Ainsi quand je dis : *Craignez* QUE *la gourmandise ne s'empare de vous;* CAR *ce vice est bien dangereux,* PUISQU'*il conduit à la misère,* LORSQU'*on s'y abandonne;* ces mots QUE, CAR, PUISQUE, LORSQUE, sont des conjonctions, parce qu'ils servent évidemment à lier entre elles les diverses parties de la phrase. —De même, quand je dis : *Mes parents* ET *mes maîtres sont contents de moi;* ce mot ET est une conjonction qui sert à lier entre eux les mots *parents* et *maîtres.*

Il y a un moyen facile de reconnaître, en général, qu'un mot est conjonction : c'est de voir si, en le joignant à un verbe quelconque, il ne peut donner un sens complet et satisfaisant pour l'esprit, qu'à *l'aide de plusieurs mots formant soit une phrase entière, soit un membre de phrase;* dans ce cas, c'est une conjonction. Ainsi *que*, *si*, *lorsque*, sont des conjonctions, parce qu'en les joignant à un verbe, on ne peut dire, par exemple, avec un sens complet et satisfaisant pour l'esprit : *Je crois* QUE; SI *vous lisez ce livre;* LORSQUE *vous viendrez.* Il faut nécessairement qu'il y ait *un membre de phrase* qui suive, et qu'on dise, par exemple : *Je crois que* DIEU EST SAINT; *si vous lisez ce livre,* VOUS ME FEREZ PLAISIR; *lorsque vous viendrez,* APPORTEZ VOS LIVRES. — On distinguera donc la conjonction : 1º de la préposition, en ce que celle-ci, étant jointe à un verbe, peut donner un sens complet et satisfaisant pour l'esprit, *à l'aide d'un second mot* seulement; 2º de l'adverbe, en ce que celui-ci, étant aussi joint à un verbe, peut donner un sens complet et satisfaisant pour l'esprit, *seul et sans le secours d'aucun mot.*

LISTE DES PRINCIPALES CONJONCTIONS.

71. Les principales conjonctions sont :

Ainsi, car, cependant, comme, donc, enfin, et, lorsque, mais, néanmoins, ni;

Or, ou, partant, pourtant, puisque, quand, que, quoique, si, sinon, soit, toutefois, etc.

REMARQUEZ qu'il ne faut pas confondre *ou*, conjonction, avec *où*, adverbe : *ou*, conjonction, peut toujours se tourner par *ou bien*, et s'écrit sans accent : *Vous viendrez me voir,* OU *j'irai chez vous,* c'est-à-dire *ou bien;* — *où*, adverbe, ne peut jamais se tourner par *ou bien*, et s'écrit avec un accent : *Où demeurez-vous ?*

CHAPITRE X.

DE L'INTERJECTION.

72. L'*interjection* est un mot invariable qui sert à exprimer une affection vive et subite de l'âme, comme la joie, la douleur, l'étonnement, etc. Ainsi dans ces phrases : Ah! *que je suis content!* — Hé-las! *que je souffre!* — Oh! *quel éclair!* les mots *ah, hélas, oh,* sont des interjections.

LISTE DES PRINCIPALES INTERJECTIONS.

Ha! *pour marquer la surprise.*
Ah! aïe! hélas! *pour marquer la douleur.*
Oh! ah! *pour marquer l'admiration.*
Fi! *pour marquer l'aversion.*
Paix! chut! *pour imposer silence.*
Holà! eh! *pour appeler.*
Eh bien! *pour interroger.*

CHAPITRE XI.

DE L'ANALYSE GRAMMATICALE.

73. L'*analyse grammaticale* est la manière de rendre compte de chacun des mots d'une phrase, c'est-à-dire d'en faire connaître le genre, le nombre, la conjugaison, les différents rapports qu'ils ont entre eux, etc.

74. Pour bien faire l'analyse grammaticale, il faut indiquer :

1° *Pour un nom :* l'espèce, c'est-à-dire s'il est nom propre ou nom commun; le genre, le nombre; s'il est sujet ou complément;

2° *Pour un article :* le genre, le nombre; à quel substantif il se rapporte;

3º *Pour un adjectif :* l'espèce, c'est-à-dire s'il est qualificatif, numéral, etc. ; le genre, le nombre ; à quel mot il se rapporte ;

4º *Pour un pronom :* si c'est un pronom personnel, démonstratif, etc. ; de quel nom il tient la place ; s'il est sujet ou complément ;

5º *Pour un verbe :* l'espèce, c'est-à-dire si c'est un verbe actif, passif, etc. ; la personne, le nombre, le temps, le mode, les temps primitifs ;

6º *Pour un participe :* l'espèce, c'est-à-dire si c'est un participe présent ou passé ; le genre, le nombre ; à quel mot il se rapporte ;

7º *Pour une préposition :* quel est son complément ;

8º *Pour un adverbe :* à quel verbe, à quel adjectif il se rapporte ;

9º *Pour une conjonction :* quels mots ou quelles phrases elle sert à unir ;

10º *Pour une interjection :* quel sentiment elle exprime.

Modèle d'Analyse grammaticale.

75. Soit la phrase suivante à analyser : *Dieu est infiniment bon ; je l'aime de tout mon cœur.*

Dieu	Subst. propre masc. sing., sujet de *est*.
est	Verbe à la 3e pers. du sing. du prés. de l'indic. du verbe auxiliaire *être*.
infiniment	Adverbe, qui se rapporte à l'adj. *bon*.
bon	Adj. qualific. au masc. sing., qui se rapporte à *Dieu*. — Fém. *bonne*.
je	Pronom personnel de la 1re pers., sujet de *aime*.

le	Pronom de la 3ᵉ pers., régime direct du verbe *aimer*, tenant la place de *Dieu*.
aime	Verbe à la 1ʳᵉ pers. du sing. du prés. de l'indicatif de *aimer ;* verbe actif de la 1ʳᵉ conjugaison.
de	Préposition qui a pour complément *cœur*.
tout	Adj. indéf. au masculin sing., qui se rapporte à *cœur*.
mon	Adj. possessif au masc. sing., qui se rapporte à *cœur*.
cœur	Subst. commun, masc. sing., rég. ind. du verbe *j'aime*.

PETITE SYNTAXE

76. La *Syntaxe*, d'un mot grec qui veut dire *arrangement*, est la manière d'arranger les mots entre eux, pour en faire des phrases correctes, et se faire bien comprendre de ceux à qui l'on parle.

Nous allons parcourir les règles de la syntaxe les plus nécessaires, en suivant l'ordre des différentes espèces de mots; nous y joindrons quelques principes sur la ponctuation des phrases.

DE L'ARTICLE.

J'ai lu de bons livres.

77. RÈGLE. — Lorsqu'un nom pris dans un sens *partitif* (1), est précédé d'un adjectif, on met la préposition *de*, et non pas l'article *des* ou *du*, devant cet adjectif. Ainsi l'on dira :

J'ai lu DE *bons livres*, et non pas DES *bons livres*.

J'ai vu DE *belles maisons*, et non pas DES *belles maisons*.

DU NOM.

I. Noms propres.

Les deux Corneille sont nés à Rouen.

78. RÈGLE. — Les noms propres sont généralement

---

(1) Un substantif est pris dans un sens *partitif,* quand il désigne une partie seulement des personnes ou des choses qu'il représente. Ainsi, quand je dis : *des hommes;* le substantif *hommes* est pris dans un sens partitif, car il ne désigne réellement qu'une partie des hommes.

invariables, c'est-à-dire qu'ils ne prennent pas d's au pluriel. *Ex. :*

Les deux CORNEILLE *sont nés à Rouen.*

Les BOSSUET *et les* BOURDALOUE *ont illustré la chaire chrétienne.*

II. Noms composés.

On appelle *noms composés* des noms formés de deux ou plusieurs mots unis par un trait d'union, comme *chou-fleur, chef-d'œuvre, arc-en-ciel, etc.*

Il y a en France 86 chefs-lieux de département.

79. RÈGLE I. — Lorsqu'un nom composé est formé de deux noms placés *immédiatement* l'un après l'autre, comme *chef-lieu, chou-fleur, etc.*, ils prennent généralement tous les deux la marque du pluriel. *Ex. :*

Il y a en France 86 CHEFS-LIEUX *de département.*

Les CHOUX-FLEURS *sont de bons légumes.*

Cependant il y a quelques exceptions ; ainsi *appui-main* fait au pluriel des *appuis-main*, sans *s* à *main*, parce que le sens des mots est : *des appuis pour la main.*

Bossuet n'a fait que des chefs-d'œuvre.

80. RÈGLE II. — Lorsqu'un nom composé est formé de deux noms séparés par une préposition, comme *chef-d'œuvre, arc-en-ciel, etc.*, il n'y a que le premier des deux noms qui prenne la marque du pluriel. *Ex. :*

Bossuet n'a fait que des CHEFS-D'OEUVRE.

Voici de beaux CIELS-DE-LIT.

Cependant il y a quelques exceptions ; ainsi, *pied-à-terre* fait au pluriel des *pied-à-terre*, sans *s* à *pied*, parce que le sens des mots est : logement où l'on a seulement un *pied à terre.*

Les renards aiment les basses-cours.

81. RÈGLE III. — Lorsqu'un nom composé est formé d'un nom et d'un adjectif, comme *basse-cour*, *petit-maître*, ils prennent généralement tous les deux la marque du pluriel. *Ex. :*

Les renards aiment les BASSES-COURS.
Les petits-maîtres sont insupportables.

L'armée a envoyé des avant-coureurs.

82. RÈGLE IV. —Lorsqu'un nom composé est formé d'un nom et d'un mot invariable, adverbe, préposition, ou même d'un verbe, il n'y a que le nom qui prenne la marque du pluriel. *Ex. :*

L'armée a envoyé des AVANT-COUREURS.
Faites attention à ces GARDE-FOUS.

Cependant il y a quelques exceptions ; ainsi, *contre-poison* fait au pluriel des *contre-poison*, sans *s* à *poison*, parce que le sens des mots est : des remèdes *contre le poison*. Au contraire, on écrit un *cure-dents* avec un *s*, même au singulier, parce que le sens est : un instrument pour *curer les dents*.

III. Noms dont le genre offre quelques difficultés.

83. I. Les substantifs suivants sont toujours masculins : *Autel, centime, éclair, évangile, exemple, hôtel, incendie, intervalle, légume, monticule, parafe.*

II. Les substantifs suivants sont toujours féminins : *Antichambre, argile, arrhes, atmosphère, dinde, écritoire, horloge, sentinelle, vêpres.*

III. Les substantifs suivants sont tantôt masculins et tantôt féminins :

Orgue est masculin au singulier, et féminin au pluriel : *un bel orgue, de belles orgues.*

Couple est féminin quand il marque purement et simplement le nombre *deux* : *Une couple de poulets.* — Il est masculin quand il marque de plus *société*, *union, affection*, etc. : *Un couple d'amis, un couple de fripons.*

Enfant est masculin quand il désigne un garçon, et féminin quand il désigne une fille.

Hymne est féminin quand il s'agit d'hymnes qu'on chante à l'église : *Les belles hymnes du bréviaire romain.* Partout ailleurs il est masculin.

DE L'ADJECTIF.

Dieu saint (1).

84. RÈGLE I. — L'adjectif s'accorde en genre et en nombre avec le substantif auquel il se rapporte. *Ex.* :

Dieu SAINT; *la Vierge* SAINTE; *les temples* SAINTS.

EXCEPTIONS. 1° L'adjectif *nu* ne change jamais lorsqu'il est placé devant l'un des noms *cou, tête; bras*, etc. ; et l'on dit : *aller* NU-*tête*, NU-*bras*, etc. S'il est placé après, il s'accorde comme tous les adjectifs, et l'on dit : *aller la tête* NUE, *les bras* NUS.

2. L'adjectif *demi* ne change jamais non plus lors-

---

(1) On remarquera, une fois pour toutes, que nous répétons dans notre Syntaxe certaines règles que nous avons mises déjà dans la première partie, afin de donner à l'élève, dès le commencement, quelque connaissance de la Syntaxe.

qu'il est placé avant le nom, et l'on dit : *une* DEMI-*heure, une* DEMI-*livre*; s'il est placé après le nom, il en prend seulement le genre, et l'on dit : *deux heures et* DEMIE, *trois mètres et* DEMI.

Le père et le fils bons.

85. RÈGLE II. — Lorsqu'un adjectif se rapporte à deux noms singuliers, on met cet adjectif au pluriel, parce que deux singuliers valent un pluriel. *Ex.* :

Le père et le fils BONS; *la mère et la fille* BONNES.

Le roi et le berger sont ÉGAUX *après la mort* (et non pas *égal*).

REMARQUEZ 1º que si les deux noms sont de différents genres, on met l'adjectif au masculin : *Mon père et ma mère sont* CONTENTS (et non pas *contentes*).

REMARQUEZ 2º que la place à donner aux adjectifs ne peut être déterminée que par l'usage : les uns se placent devant le nom auquel ils se rapportent, comme *beau jardin, grand arbre;* les autres ne se placent qu'après, comme *habit rouge, table ronde;* un grand nombre se placent à volonté avant ou après, comme *un vénérable vieillard, un vieillard vénérable;* d'autres, enfin, ont une signification toute différente selon qu'ils sont avant ou après. Ainsi :

Un brave homme, veut dire un homme *probe;* — *un homme brave*, veut dire un homme qui a de la *bravoure.*

Un grand homme, veut dire une homme *distingué par son mérite;* — *un homme grand*, veut dire un homme d'une *grande taille.*

La différence n'est pas moins sensible entre *honnête homme* et *homme honnête*, *pauvre homme* et *homme pauvre*, etc.

Cet élève n'a pas encore ses quinze ans.

86. Règle iii. — Les adjectifs numéraux cardinaux ne prennent point d'*s* comme marque du pluriel. *Ex. :*

Cet élève n'a pas encore ses quinze *ans.*
Nos troupes firent cinq mille *prisonniers.*

Exceptions. — *Vingt* et *cent* prennent un *s* lorsqu'ils sont précédés de *deux, trois, quatre, cinq, six, sept, huit, neuf.* Ex. :

Quatre-vingts hommes ; six cents chevaux.

Cependant ils ne prennent plus d'*s* s'ils sont suivis d'un autre adjectif numéral, comme dans *quatre-vingt-*cinq, *six cent* dix.

Remarquez, sur l'adjectif numéral *mille*, qu'il s'écrit de deux manières : *mille* et *mil*. On écrit *mil* pour désigner les années écoulées ou qui s'écouleront depuis la naissance de Jésus-Christ jusqu'à l'an 1999 ; ainsi on écrira : *l'an* mil *huit cent quarante-huit.* Partout ailleurs on écrit *mille*.

Ces maîtres aiment leurs élèves.

87. Règle iv. — L'adjectif possessif *leur* s'accorde en nombre, comme tous les adjectifs, avec le nom auquel il se rapporte. *Ex. :*

Ces maîtres aiment leurs élèves, *mais ils n'aiment pas* leurs défauts.

Remarquez qu'on ne sait souvent s'il faut mettre l'adjectif *leur*, ainsi que le nom auquel il se rapporte, au singulier ou au pluriel. Or il y a un moyen facile de ne pas se tromper : tournez toujours *leur* par *d'eux, d'elles*, et si, en tournant ainsi, le substantif demande devant lui l'article *les*, mettez *leurs* au pluriel; s'il ne demande que l'article *le* ou *la*, mettez *leur* au singulier. Ainsi, dans l'exemple précédent : *Ces maîtres aiment leurs élèves, mais ils n'aiment pas leurs défauts*, il faut un *s* à *leurs*, parce qu'en le tournant par *d'eux*, on obtient : *Ces maîtres aiment* LES *élèves d'eux, mais ils n'aiment pas* LES *défauts d'eux.*

Dans ces autres exemples, au contraire : *Je loue* LEUR *courage; je plains* LEUR *sort*, il ne faut pas d's à *leur*, parce qu'en le tournant par *d'eux*, on obtient : *Je loue* LE *courage d'eux*, et non pas *les courages d'eux; je plains* LE *sort d'eux*, et non pas *les sorts d'eux.*

Ces deux frères ont les mêmes habitudes.

88. RÈGLE V. — L'adjectif *même* s'accorde en nombre, comme tous les adjectifs, avec le substantif ou le pronom auquel il se rapporte. *Ex.* :

Ces deux frères ont les MÊMES *habitudes; ils en conviennent* EUX-MÊMES; *les étrangers* MÊMES *s'en aperçoivent.*

REMARQUEZ qu'il ne faut pas le confondre avec MÊME adverbe, qui ne prend jamais d's. On reconnaît que *même* est adverbe, quand on peut le tourner par *aussi, encore, et même*, comme dans les phrases suivantes : *Non content de nous gronder, il nous a* MÊME *battus*, c'est-à-dire *il nous a* ENCORE *battus; mes prières, mes larmes* MÊME, *n'ont pu l'attendrir*, c'est-à-dire *mes prières* ET MÊME *mes larmes*, etc.

Quelques services que vous rendiez.

89. RÈGLE VI. — L'adjectif *quelque* s'accorde en nombre, comme tous les adjectifs, avec le substantif auquel il se rapporte. *Ex.* :

QUELQUES *services que vous rendiez ;* QUELQUES *richesses que vous ayez.*

REMARQUEZ qu'il ne faut le confondre ni avec *quelque,* adverbe, ni avec *quel que,* locution composée de deux mots, *quel,* adjectif, et *que,* conjonction. Il est facile de les distinguer :

1° *Quelque* est adjectif toutes les fois qu'il est placé devant un SUBSTANTIF ; alors il s'accorde et s'écrit en un seul mot, comme on peut le voir dans les exemples cités.

2° *Quelque* est adverbe toutes les fois qu'il est placé devant un ADJECTIF, un PARTICIPE ou un ADVERBE ; alors il ne s'accorde jamais, et s'écrit encore en un seul mot : *Quelque* PUISSANTS *qu'ils soient ; quelque* ADROITEMENT *qu'ils s'y prennent ; quelque* RESPECTÉS *que nous soyons.*

3° *Quel que* s'écrit en deux mots lorsqu'il est placé devant un VERBE ; alors *quel* s'accorde en genre et en nombre avec le sujet du verbe, et *que,* conjonction, reste invariable : *Quel que* SOIT *votre pouvoir, quels que* SOIENT *vos moyens, quelle que* SOIT *votre force, vous ne devez pas vous enorgueillir.*

Tous les hommes sont pécheurs.

90. RÈGLE VII. — L'adjectif *tout* s'accorde, comme les autres adjectifs, en genre et en nombre avec le substantif auquel il se rapporte. *Ex.* :

TOUS *les hommes sont pécheurs.*

Toutes *les bontés de Dieu devraient nous toucher.*

Remarquez qu'il ne faut pas confondre *tout*, adjectif, avec *tout*, adverbe, qui est toujours invariable :

1° *Tout* est adjectif quand il se rapporte à un nom et qu'on peut le remplacer par *chaque, la totalité, en totalité, etc.*, comme on peut le voir dans les exemples cités.

2° *Tout* est adverbe quand il se rapporte à un adjectif, à un participe ou à un adverbe, et qu'on peut le tourner par *tout à fait, quelque, si, quoique, etc.*

Tout *savants qu'ils sont, ils ignorent cependant bien des choses,* c'est-à-dire *si savants, quelque savants qu'ils soient, etc.*

Cette femme était tout *éplorée,* c'est-à-dire *tout à fait éplorée.*

Cependant *tout*, quoique adverbe, s'accorde en genre et en nombre, quand il est placé devant un adjectif féminin commençant par une consonne ou une *h* aspirée : *Elles sont toutes* stupéfaites, *toutes* honteuses.

DU PRONOM.

Pratiquez la vertu : elle rend heureux.

91. Règle i.—Les pronoms doivent être du même genre et du même nombre que le nom dont ils tiennent la place. Ainsi dites :

Pratiquez la vertu : elle *rend heureux ;* — *ces livres sont* les miens ; — *mon frère* auquel *je parle ;* — *ma sœur* à laquelle *je parle ;* — *mes frères* auxquels *je parle,* etc.

Remarquez que tout pronom doit toujours se rap
porter clairement au nom dont il tient la place.
Ainsi vous pouvez dire : *Ce jeune homme va rejoindre son père à Paris, parce qu'*IL *espère y avoir une
place.* Mais vous ne pourriez pas dire : *Ce jeune
homme va rejoindre son père à Paris, où* IL *espère
avoir une place,* parce qu'on ne sait plus si *il* tient
la place du *jeune homme* ou du *père.*

Mon fils, vous serez estimé, si vous êtes sage.

92. **Règle ii.** — Le pronom personnel *vous*, employé pour *tu*, veut le verbe au pluriel ; mais l'adjectif ou le participe qui s'y rapporte reste au singulier. *Ex.* :

Mon fils, vous serez estimé, *si* vous êtes sage,
sans *s* ni à *estimé* ni à *sage.*

Ma sœur, êtes-vous malade? Oui, je le suis.

93. **Règle iii.** — Le pronom personnel *le* ne prend
ni genre ni nombre, c'est-à-dire qu'il fait toujours *le*,
quand il tient la place d'un adjectif ou d'un substantif employé comme adjectif, c'est-à-dire *non précédé
de l'article.* Ainsi dites :

Ma sœur, êtes-vous malade? *Oui, je* le *suis*, et
non pas *je* la *suis*, parce que *le* tient la place d'un
adjectif.

Messieurs, êtes-vous ministres? *Oui, nous* le *sommes*, et non pas *nous* les *sommes.*

Mais si le pronom *le* tient la place d'un substantif,
ou même d'un adjectif employé comme substantif,
c'est-à-dire *précédé de l'article*, alors il en prend le
genre et le nombre, c'est-à-dire qu'il peut faire *la* ou
les. Ainsi l'on dira : *Êtes-vous* les ministres? *Oui,*

nous LES *sommes*. — *Êtes-vous* LA MALADE? *Oui*, *je*
LA *suis*, parce qu'ici le pronom tient la place d'un
adjectif *précédé de l'article.*

Je préfère celui-ci, et vous celui-là.

94. RÈGLE IV. — Les pronoms démonstratifs *celui-
ci, celle-ci, ceci*, et *celui-là, celle-là, cela*, ne s'emploient pas indifféremment : *celui-ci, celle-ci, ceci*,
s'emploient pour désigner les objets qui sont les plus
proches, ou dont on a parlé en dernier lieu; — et
celui-là, celle-là, cela, s'emploient pour désigner les
objets qui sont les plus éloignés, ou bien dont on a
parlé en premier lieu. *Ex. :*

Je préfère CELUI-CI (l'objet le plus proche), *et vous*
CELUI-LA (l'objet le plus éloigné).

*Héraclite et Démocrite étaient d'un caractère bien
différent :* CELUI-CI (le dernier dont on a parlé, c'est
à-dire Démocrite) *riait toujours;* CELUI-LA (Héraclite)
pleurait sans cesse.

Ces volumes coûtent cinq francs chacun.

95. RÈGLE V. — Le pronom indéfini *chacun* ne doit
pas se confondre avec *chaque*, qui est adjectif : *chaque* veut toujours être suivi d'un substantif. Ne dites
donc pas :

Ces volumes coûtent cinq francs CHAQUE, *mais cinq
francs* CHACUN.

On dirait bien : CHAQUE *volume coûte cinq francs.*

À la mort, on est égaux.

96. RÈGLE VI. — Le pronom indéfini *on* devient
féminin ou pluriel quand il tient évidemment la place
d'un nom féminin ou pluriel. Dites donc :

A la mort, ON *est* ÉGAUX (et non pas *égal*, parce qu'il s'agit évidemment de plusieurs).

Ma fille, quand ON *est* GAGÉE, *on n'est pas* MAÎTRESSE *de ses actions.*

Moi qui ai vu, toi qui as vu.

97. RÈGLE VII. — Le pronom relatif *qui* est toujours du même nombre et de la même personne que son *antécédent.* Ainsi il faut dire :

Moi QUI *ai vu, toi* QUI *as vu, nous* QUI *avons vu,* etc.

Mais on ne pourrait pas dire : *C'est moi qui* A *vu, c'est vous qui* JOUE *maintenant.*

REMARQUEZ que le pronom relatif doit toujours être rapproché autant que possible de son antécédent, pour qu'il n'y ait point d'équivoque ; ainsi dites :

Je vous envoie par mon domestique un CHIEN *qui a les oreilles coupées,* et non pas, *je vous envoie un* CHIEN *par mon domestique,* QUI *a les oreilles coupées.*

Les sciences auxquelles je m'applique.

98. RÈGLE VIII. — Le pronom relatif *qui,* précédé d'une préposition comme *à, de, pour, sur,* etc., ne doit jamais avoir pour antécédent un nom de chose, mais seulement un nom de personne ; ainsi dites :

Les sciences AUXQUELLES *je m'applique,* et non pas A QUI je m'applique.

L'arbre SUR LEQUEL *je suis monté,* et non pas SUR QUI *je suis monté.* Mais on dira très-bien : *La personne à* QUI *ou à* LAQUELLE *je me confie.*

DU VERBE.

Je parle.

98. RÈGLE I. — Tout verbe doit être du même

nombre et de la même personne que son sujet. *Ex.* :

Je parle : *parle* est du nombre singulier et de la 1re personne, parce que *je*, son sujet, est du singulier et de la 1re personne. — *Vous parlez tous deux* : *parlez* est du nombre pluriel et de la 2e personne, parce que *vous* est du pluriel et de la 2e personne.

Pierre et Paul jouent.

100. RÈGLE II. — Lorsqu'un verbe a deux sujets singuliers, on met ce verbe au pluriel. *Ex.* :

Pierre et Paul JOUENT ; *mon frère et ma sœur* LISENT.

Vous et moi nous nous portons bien.

101. RÈGLE III. — Lorsque les deux sujets sont de différentes personnes, on met le verbe à la plus noble personne : la première est plus noble que la seconde, la seconde est plus noble que la troisième. *Ex.* :

VOUS *et* MOI *nous nous* PORTONS *bien.*
VOUS *et* VOTRE FRÈRE *vous* CAUSEZ.

Ce sont les passions qui nous perdent.

102. RÈGLE IV. — Le verbe *être*, précédé de *ce*, ne se met au pluriel que lorsqu'il est suivi d'*une troisième personne du pluriel.* Ainsi l'on dit :

Ce sont LES PASSIONS *qui nous perdent*, et non pas *c'est les passions qui*, etc.
Ce sont EUX , *ce sont* ELLES *qui*, etc.
Mais il faut dire : *c'est* NOUS ; *c'est* VOUS ; *c'est* L'OR *et* L'ARGENT *qui sont les dieux du monde.*

Cet officier attaqua et prit la ville.

103. RÈGLE V. — Un seul et même nom peut servir de complément à deux verbes à la fois, pourvu que ces deux verbes ne veuillent pas, l'un un régime direct, et l'autre un régime indirect. Ainsi l'on peut dire très-bien :

Cet officier ATTAQUA *et* PRIT *la ville,* parce qu'on dit *attaquer quelque chose,* comme on dit aussi *prendre quelque chose.*

Mais on ne peut pas dire : *cet officier* ATTAQUA et SE RENDIT MAÎTRE *de la ville,* parce qu'on dit *attaquer quelque chose,* tandis que l'on dit *se rendre maître* DE *quelque chose.*

Ne dites pas non plus : *un grand nombre de vaisseaux* ENTRENT *et* SORTENT *de ce port,* parce qu'on dit *entrer* DANS *et sortir* DE.

REMARQUEZ qu'il en est des adjectifs comme des verbes. Il faut donc dire : *cet homme est* UTILE *et* CHER *à sa famille,* et non pas, *cet homme est* UTILE *et* CHÉRI *de sa famille,* parce qu'on dit *utile* A, tandis qu'on dit *chéri* DE.

Cet élève aime l'étude et le travail.

104. RÈGLE VI. — Lorsqu'un verbe a un complément composé de deux ou plusieurs mots unis par *et, ni, ou,* ces mots doivent généralement être de la même espèce, c'est-à-dire ou tous des noms, ou tous des verbes, etc. Ainsi dites :

Cet élève aime L'ÉTUDE *et* LE TRAVAIL ; *celui-ci aime* A JOUER *et* A SE PROMENER.

Mais ne dites pas : *cet élève aime* L'ÉTUDE *et* A TRAVAILLER ; *celui-ci aime* LE JEU *et* A SE PROMENER.

REMARQUEZ qu'il faut dire : *c'est en Dieu* QUE *nous devons mettre notre espérance,* et non pas EN QUI ; *c'est à vous-même* QUE *je veux parler,* et non pas A

QUI *je veux* (dans ces deux phrases, *que* n'est pas relatif, mais conjonction).

***

DU PARTICIPE.

I. DU PARTICIPE PRÉSENT.

Heureux les enfants aimant Dieu!

105. RÈGLE GÉNÉRALE. — Le participe présent ne s'accorde jamais ni en genre ni en nombre avec le mot auquel il se rapporte; il est invariable. *Ex.*:

Heureux l'enfant AIMANT *Dieu! heureux les enfants* AIMANT *Dieu! Un homme* LISANT, *des hommes* LISANT; *une femme* LISANT, *des femmes* LISANT.

REMARQUEZ qu'il ne faut pas confondre avec le participe présent certains adjectifs verbaux (c'est-à-dire qui viennent des verbes), lesquels sont terminés en *ant*, et s'accordent avec le nom auquel ils se rapportent, comme *un homme obligeant, une femme obligeante*. Il y a plusieurs moyens de distinguer le participe présent de l'adjectif verbal :

1° Toutes les fois que le mot en *ant* a un régime direct, il est participe présent. *Ex.*: *Ces enfants étudiant* LEURS LEÇONS;

2° Toutes les fois que le mot en *ant* est accompagné de la préposition *en*, exprimée ou sous-entendue, ou bien d'une négation, il est encore participe présent. *Ex.*: *Les enfants sont heureux* EN *travaillant; des enfants* NE *travaillant* PAS.

II. DU PARTICIPE PASSÉ.

106. L'orthographe du participe passé varie selon qu'il est employé *sans auxiliaire*, ou avec l'auxiliaire

être, ou bien avec l'auxiliaire *avoir* : de là trois règles générales.

Heureux les enfants aimés de Dieu !

107. PREMIÈRE RÈGLE.—Lorsque le participe passé est employé *sans auxiliaire*, il s'accorde, comme un adjectif, en genre et en nombre avec le mot auquel il se rapporte. *Ex.* :

Heureux les enfants AIMÉS *de Dieu !*
Une campagne CULTIVÉE ; *des campagnes* CULTIVÉES.

Ces enfants sont chéris de leurs maîtres.

108. DEUXIÈME RÈGLE. — Lorsque le participe passé est employé avec *l'auxiliaire être*, il s'accorde toujours en genre et en nombre avec le *sujet* du verbe. *Ex.* :

Ces enfants SONT CHÉRIS *de leurs maîtres.*
Mon frère A ÉTÉ PUNI ; *ma sœur* A ÉTÉ PUNIE.

Dieu nous a exaucés.

109. TROISIÈME RÈGLE.—Lorsque le participe passé est employé avec *l'auxiliaire avoir*, il s'accorde avec le *régime direct* du verbe, pourvu que ce régime soit placé avant le participe ; si ce régime est placé après, ou s'il n'y en a point, le participe passé reste invariable. *Ex.* :

Dieu NOUS A EXAUCÉS *dans nos prières.*
La lettre QUE *vous avez* ÉCRITE, *je l'ai* LUE ; *les livres* QUE *j'avais* PRÊTÉS, *on les a* RENDUS ; QUELLE AFFAIRE *avez-vous* ENTREPRISE ? COMBIEN D'ENNEMIS *n'a-t-il pas* VAINCUS ? (On voit que le régime mis devant le participe est ordinairement l'un des pronoms *que, me, te, se, le, la, les, nous, vous, quels.*)

Mais on écrirait sans accord, parce que le régime est après le participe : *Dieu a* EXAUCÉ NOS PRIÈRES ; *j'ai* ÉCRIT UNE LETTRE ; *vous avez* ACHETÉ UN LIVRE ; *j'ai* ÉCRIT DES LETTRES ; *vous avez* ACHETÉ DES LIVRES.

De même on écrirait sans accord, parce qu'il n'y a point de régime direct :

Ils ont RÉPONDU *à notre lettre ; nous avons* MARCHÉ ; *toute l'armée a* PÉRI.

REMARQUEZ bien que , lorsqu'un participe est accompagné de l'auxiliaire *avoir,* on ne s'occupe nullement du *sujet,* mais seulement *du régime direct* et *de la place* de ce régime direct. Au contraire, lorsqu'un participe est accompagné de l'auxiliaire *être,* on ne s'occupe que du sujet.

110. Aux trois règles générales qui précèdent, nous allons ajouter quelques règles particulières qui aideront à observer les règles générales.

La lettre qu'ils se sont adressée.

111. RÈGLE I.— Dans les verbes pronominaux , l'auxiliaire *être* étant employé pour l'auxiliaire *avoir,* les participes de ces verbes suivent la règle des participes accompagnés de l'auxiliaire *avoir,* et non pas des participes accompagnés de l'auxiliaire *être.* C'est pourquoi on écrira avec accord, parce que le régime direct est placé avant :

La lettre QU'*ils se sont* ADRESSÉE , *ils se* LA *sont* REPROCHÉE. Mais on écrira sans accord , soit parce que le régime direct est placé après le participe, soit parce qu'il n'y en a point :

Ils se sont ADRESSÉ *une* LETTRE , *c'est-à-dire ils ont adressé une lettre à eux ; nous nous sommes*

PARLÉ, c'est-à-dire *nous avons parlé à nous ; vous vous êtes* SUCCÉDÉ, c'est-à-dire *vous avez succédé à vous.*

Les blés que j'ai vus grandir.

112. RÈGLE II. — Lorsque le participe passé est suivi *immédiatement* d'un infinitif, comme dans cette phrase : *les blés que j'ai* VUS GRANDIR, il est tantôt variable et tantôt invariable :

Il est variable toutes les fois que l'infinitif peut se tourner par le *participe présent ;* il est invariable toutes les fois que ce changement ne peut avoir lieu. *Ex :*

Les blés que j'ai VUS GRANDIR. (On peut dire : *que j'ai vus* GRANDISSANT; donc il y a accord.)

Les blés que j'ai VU SEMER. (On ne peut pas dire : *que j'ai vus* SEMANT ; donc point d'accord.)

Les chaleurs qu'il a fait.

113. RÈGLE III. — Le participe des verbes impersonnels est toujours invariable, parce que ces verbes n'ont pas de régime direct. Ainsi on écrira sans accord :

*Les chaleurs qu'*IL A FAIT.

*Les grandes pluies qu'*IL Y A EU.

Voici de bons fruits : j'en ai acheté.

114. RÈGLE IV. — Le participe passé ayant pour *seul régime le pronom* EN, est toujours invariable, parce que *en* est un régime indirect. Ainsi on écrira sans accord :

*Voici de bons fruits : j'*EN *ai* ACHETÉ.

Ces pêches étant mûres, nous EN *avons* CUEILLI.

Mais on écrirait avec accord : *je* LES *en ai* REMERciés ; *il* NOUS *en* a PRÉVENUS, à cause des régimes directs *les* et *nous*.

DE L'ADVERBE ET DE LA PRÉPOSITION.

I. Plus et davantage.

115. *Plus* et *davantage* ne s'emploient pas toujours l'un pour l'autre ; *davantage* ne peut être suivi de la préposition *de*, ni de la conjonction *que*. On ne dit donc pas : *il a* DAVANTAGE *de brillant* QUE *de solide*, mais *plus de brillant* QUE, etc. ; on ne dit pas non plus : *il se fie* DAVANTAGE *à ses lumières* QU'à *celles des autres*, mais *il se fie* PLUS *à ses lumières*. On dirait bien, par exemple : *il est très-modeste, on ne peut l'être* DAVANTAGE.

REMARQUEZ que *davantage* ne doit pas s'employer pour *le plus*. Dites donc : *de toutes les fleurs, la rose est celle qui me plaît* LE PLUS, et non pas *qui me plaît* DAVANTAGE.

II. Auparavant et avant.

116. *Auparavant* et *avant* ne s'emploient pas indifféremment l'un pour l'autre : *auparavant* ne peut être suivi de la préposition *de*, ni de la conjonction *que*, ni d'aucune espèce de régime. On ne dit donc pas : AUPARAVANT *l'âge*, AUPARAVANT *le temps*, AUPARAVANT *de parler ;* mais AVANT *l'âge*, AVANT *le temps*, AVANT *de parler*. On dira bien, par exemple : *Ne partez pas sitôt, venez me voir* AUPARAVANT.

III. Autour et alentour.

117. *Autour* et *alentour* ne s'emploient pas indifféremment l'un pour l'autre : *alentour* ne peut être suivi d'aucune espèce de régime. On ne dit donc

pas ; ALENTOUR *d'une table*, ALENTOUR *d'un trône ;* mais AUTOUR *d'une table*, AUTOUR *d'un trône.* On dira bien, par exemple : *Il était sur son trône, et ses fils étaient* ALENTOUR.

IV. Dessus, dessous, sur, sous, etc.

118. *Dessus*, *dessous*, *dedans*, *dehors*, et *sur*, *sous*, *dans*, *hors*, ne s'emploient pas indifféremment les uns pour les autres : *dessus*, *dessous*, *dedans*, *dehors*, ne peuvent être suivis d'aucune espèce de régime. On ne dit donc pas : *Mon livre est* DESSUS *la table, je suis* DEDANS *la chambre ;* mais *mon livre est* SUR *la table, je suis* DANS *la chambre.* On dira bien, par exemple : *Regardez sur la table, mon livre est* DESSUS.

V. Au travers et à travers.

119. *Au travers* veut être suivi de la préposition *de*, et *à travers* la rejette : *au travers* DE *ce buisson, à travers ce buisson ; au travers* DES *ennemis, à travers les ennemis.*

VI. Plus tôt et plutôt.

120. *Plus tôt* s'écrit en deux mots quand il signifie *de meilleure heure* ou qu'il est opposé à *plus tard :* *il arrivera* PLUS TÔT *que les autres,* c'est-à-dire *de meilleure heure.*

Plutôt s'écrit en un mot quand il signifie *de préférence, préférablement :* *de ces deux livres, prenez* PLUTÔT *celui-ci,* c'est-à-dire *prenez de préférence.*

DE LA CONJONCTION.

I. Que.

121. La conjonction *que* gouverne le subjonctif :

1º Après les verbes qui marquent le *doute*, le *désir*, la *crainte*, *etc.* : JE DOUTE *que le roi* SOIT ARRIVÉ, JE CRAINS *que le maître* NE VIENNE;

2º Après les verbes qui sont accompagnés d'une négation ou d'une interrogation, etc. : *je* NE *crois* PAS *qu'il* VIENNE; QUI *n'avoue que la vertu ne* SOIT *aimable?*

3º Après les verbes impersonnels : *il* SEMBLE *que cet enfant* SOIT *malade*, et non pas EST *malade*; *il importait que vous* ARRIVASSIEZ *plus tôt*, et non pas *que vous* ARRIVIEZ.

122. *A quel* TEMPS *du subjonctif faut-il mettre le verbe qui suit la conjonction* QUE (quand elle gouverne ce mode)?

PREMIÈRE RÈGLE. — Quand le premier verbe est au présent ou au futur, mettez généralement au présent du subjonctif le second verbe qui est après *que*. Ex. :

Il FAUT, *il* FAUDRA *que vous* SOYEZ *plus attentif*.

DEUXIÈME RÈGLE. — Quand le premier verbe est à l'un des passés, mettez généralement le second verbe à l'imparfait du subjonctif. *Ex. :*

Il FALLAIT, *il* FALLUT, *il a* FALLU, *il eût* FALLU, *il* AURAIT FALLU *que vous* FUSSIEZ *plus attentif*.

II. Quand et quant.

123. *Quand* et *quant* ne doivent pas se confondre ensemble : *quand*, conjonction, signifie *lorsque*, *à quelle époque*, et se termine par un *d* : *venez* QUAND *vous aurez fini*; *quant*, préposition, signifie *à l'égard de*, et se termine par un *t* : QUANT *à cette affaire, je ne m'en occupe pas*.

DE LA PONCTUATION.

124. Il y a six marques pour indiquer en écrivant les endroits du discours où l'on doit s'arrêter.

1° La *virgule* (,) se met après les noms, les adjectifs, les verbes qui se suivent. *Ex.* :

La candeur, la douceur, la simplicité, sont les vertus de l'enfance.

La charité est douce, patiente, bienfaisante.

La virgule sert encore à distinguer les différentes parties d'une phrase. *Ex.* : *l'étude rend savant, et la réflexion rend sage.*

2° Le *point-virgule* (;) se met entre deux phrases dont l'une dépend de l'autre. *Ex.* :

La douceur est, à la vérité, une vertu ; mais elle ne doit pas dégénérer en faiblesse.

3° Les *deux points* (:) se mettent après une phrase finie, mais suivie d'une autre qui sert à l'étendre ou à l'éclaircir. *Ex.* :

Il ne faut jamais se moquer des misérables : car qui peut s'assurer d'être toujours heureux?

4° Le *point* (.) se met à la fin des phrases, quand le sens est entièrement fini. *Ex.* :

Le mensonge est le plus bas de tous les vices.

5° Le *point interrogatif* (?) se met à la fin des phrases qui expriment une interrogation. *Ex.* :

Quoi de plus beau que la vertu ?

6° Le *point d'admiration* (!) se met après les phrases qui expriment l'admiration. *Ex.* :

Qu'il est doux de servir le Seigneur !

Qu'il est glorieux de mourir pour la patrie !

APPENDICE.

I.

PETIT DICTIONNAIRE
des verbes irréguliers ou défectifs (1).

NOTA. — Nous entendons par verbes *irréguliers*, ceux dont un ou plusieurs temps dérivés ne se tirent pas des temps primitifs conformément aux règles que nous avons données;— par verbes *défectifs*, ceux qui manquent de certains temps, soit primitifs, soit dérivés. — On trouvera aussi dans ce petit dictionnaire plusieurs verbes qui sont réguliers, comme *coudre, moudre, etc.*, mais sur lesquels on fait souvent des fautes, parce qu'on ne connaît pas bien les temps primitifs.

ABSOUDRE, v. déf. rég. Il manque du passé déf. et de l'imparf. du subj. qui s'en forme; mais du reste il est *régulier*. Formez donc réguliè-rement les temps dérivés des temps primitifs, qui sont : *j'ab-sous ; absoudre ; absolvant; absous, absoute.*

ABSTENIR (s'), conj. comme *tenir*.

ABSTRAIRE, conj. comme *traire*.

ACCROIRE, verbe déf. Il n'est usité qu'à l'infinitif : *faire accroire.*

ACCUEILLIR, conj. comme *cueillir.*

ACQUÉRIR, verbe irrég. Les temps primitifs sont : *j'ac-quiers ; j'acquis; acquérir; ac-quérant; acquis, ise.* Les temps dérivés irrég. sont : prés. de l'ind., *j'acquiers, tu acquiers, il acquiert, n. acquérons, v. ac-quérez, ils acquièrent. —* Fut., *j'acquerrai, etc.* —Cond., *j'ac-querrais, etc.;* — Subj. prés., *que j'acquière, q. tu acquières, qu'il acquière, q. n. acquérions, que vous acquériez, qu'ils ac-quièrent.* Les autres temps dérivés sont réguliers.

ALLER, v. irrég. Les temps primitifs sont : *je vais; j'allai; aller; allant; allé.*—Les temps dérivés irréguliers sont : prés. de l'ind., *je vais ou je vas, tu vas, il va, n. allons, v. allez, ils vont. —* Futur, *j'irai, etc.* — Cond., *j'irais, etc.*-Subj. prés., *que j'aille, q. tu ailles, qu'il aille, que n. allions, q. v. al-liez, qu'ils aillent.*

APPARAITRE, conj. comme *paraître;* cependant il y a cette différence, que *apparaî-tre* se conjugue indifférem-ment aux temps composés avec AVOIR ou ÊTRE; au lieu

---

(1) Ce petit dictionnaire est rédigé de telle manière, que les enfants peuvent parfaitement l'apprendre par cœur.

que *paraître* ne se conjugue qu'avec l'auxiliaire AVOIR.

APPARTENIR, conj. c. *tenir.*

APPRENDRE, conj. comme *prendre.*

ASSAILLIR, verbe rég. Les temps primitifs sont : *j'assaille; j'assaillis; assaillir; assaillant; assailli, ie.*

ASSEOIR, verbe irrég. Les temps primitifs sont : *j'assieds* ou *j'assois; j'assis; asseoir; asseyant* ou *assoyant, assis, ise.* Les temps dérivés irréguliers sont : Fut., *j'assiérai,* ou *j'asseyerai,* ou *j'assoirai, etc.* — Cond., *j'assiérais,* ou *j'asseyerais,* ou *j'assoirais, etc.*

Mais remarquez que les temps dérivés qui se forment du prés. de l'ind. et du part. prés. peuvent se conjuguer de deux manières, puisqu'on dit indifféremment : *j'assieds* ou *j'assois, asseyant* ou *assoyant.*

BÉNIR, v. rég. Temps primitifs : *je bénis; je bénis; bénir; bénissant; béni* ou *bénit.* (Le participe *bénit, bénite,* s'emploie quand il s'agit de choses consacrées par les prières des prêtres : *du pain bénit, de l'eau bénite;* — partout ailleurs, servez-vous de *béni, bénie : peuple béni de Dieu.*)

BOIRE, verbe irrégul. Les temps primitifs sont : *je bois; je bus; boire; buvant; bu, bue.* Les temps dérivés irréguliers sont : Prés. de l'ind., *je bois, tu bois, il boit, n. buvons, vous buvez, ils boivent;* — subj. pré-sent, *que je boive, q. tu boives, q. boive, q. n. buvions q. vous buviez, qu'ils boivent.*

BOUILLIR, v. rég. Les temps prim. sont : *je bous; je bouillis; bouillir; bouillant; bouilli, ie.*

BRAIRE, v. déf. Il ne s'emploie guère qu'à l'inf., *braire,* et aux 3es pers. du prés. de l'ind., *il brait; ils braient;* — du fut., *il braira; ils brairont;* — du condit., *il brairait, ils brairaient.*

BRUIRE, v. déf. Il ne s'emploie guère qu'à l'inf., *bruire;* — à la 3e pers. du sing. du prés. de l'ind., *il bruit;* et aux 3es pers. de l'imp., *il bruyait, ils bruyaient.*

CHOIR, v. déf. Il ne s'emploie qu'à l'inf., *choir,* et au part. passé, *chu, ue.*

CLORE, v. déf. Il ne s'emploie qu'aux 3 pers. du sing. du prés. de l'ind, *je clos, tu clos, il clôt;* — au fut., *je clorai, etc.;* — au cond., *je clorais, etc.;* — au part. pas., *clos, close;* et à tous les temps composés, *j'ai clos, j'avais clos, etc.*

CONFIRE, v. rég. Les temps prim. sont : *je confis; je confis; confire; confisant; confit.* L'imparfait du subj. est très-peu usité.

CONNAITRE, v. rég. Temps prim. : *je connais; je connus; connaître; connaissant; connu.*

CONQUÉRIR, v. irrég. et déf. Conjuguez-le comme *acquérir;* mais il n'est guère usité qu'à l'infin., *conquérir;* — au passé déf., *je conquis;*—au part. pas., *conquis, ise;* — et aux temps composés, *j'ai conquis, j'avais conquis,* etc.

CONTREFAIRE, conj. comme *faire.*

COUDRE, v. rég. Les temps prim. sont : *je couds; je cousis; coudre; cousant; cousu, ue.*

COURIR, v. irrég. Les temps primitifs sont : *je cours; je courus; courir; courant; couru, ue.* Les temps dérivés irrég. sont : fut., *je courrai;*—cond., *je courrais.*

COUVRIR, v. rég. Les temps pr. sont : *je couvre; je couvris; couvrir; couvrant; couvert, te.*

CRAINDRE, v. rég. Les temps primitifs sont : *je crains; je craignis; craindre; craignant; craint, te.*

CROIRE, v. rég. Les temps primit. sont : *je crois; je crus; croire; croyant; cru, ue.*

CROITRE, v. rég. Les temps primitifs sont : *je crois; je crûs; croître; croissant; crû, ue.*

CUEILLIR, verbe irrég. Les temps prim. sont : *je cueille; je cueillis; cueillir; cueillant; cueilli, ie.* Les temps dérivés irrég. sont : fut., *je cueillerai;* — cond., *je cueillerais.*

DÉCHOIR, v. déf. et irrég. Il manque du partic. prés. et de l'imp. de l'ind. qui s'en forme. Les temps prim. sont : *je déchois; je déchus; déchoir; déchu, ue.* Les temps dérivés irrég. sont : futur, *je décherrai;* — cond., *je décherrais.* Tous les autres temps dérivés se for-ment régulièrement, en sup-posant le partic. prés. *déchoy-ant.*

DÉFAIRE, conj. comme *faire.*

DÉSAPPRENDRE, conj. com. *prendre.*

DIRE, v. rég. Les temps primitifs sont : *je dis; je dis; dire; disant; dit, te.* Cependant la 2ᵉ pers. du pl. du prés. de l'ind. fait VOUS DITES, et non pas VOUS DISEZ. Le verbe *redire,* qui est composé de *dire,* fait aussi VOUS REDITES; mais les autres verbes composés de *dire* suivent la conj. régulière; c'est ainsi que *médire* fait nous *médisons, vous médisez, ils mé-disent.*

DISSOUDRE, conjug. comme absoudre.

DISTRAIRE, conj. c. *traire.*

ÉCHOIR, v. déf. et irrég. Il n'est guère usité qu'au prés. de l'indic., 3ᵉ pers. du sing., *il échoit,* qu'on prononce et qu'on écrit même quelquefois, *il échet;*—au passé déf., *j'échus,* etc.; — au fut., *j'écherrai,* etc.; — au cond., *j'écherrais,* etc.; — à l'imp. du subj., *que j'é-chusse,* etc.; — au part. prés., *échéant;* —au part. pas., *échu, ue.* Les temps comp. emprun-tent l'auxiliaire ÊTRE.

ÉCLORE, v. déf. rég. Il n'est guère usité qu'aux 3ᵉˢ pers. des temps suivants : ind. prés., *il éclôt, ils éclosent;* — fut., *il éclôra, ils écloront;* — cond., *il éclôrait, ils écloraient;* — subj. prés., *qu'il éclose, qu'ils éclo-sent;* — part. passé, *éclos, ose.*

Les temps composés sont tous usités, mais seulement aux 3es personnes; ils empruntent l'auxiliaire ÊTRE.

ENQUÉRIR (s'), conj. comme *acquérir*.

ENVOYER, v. irrég. Les temps prim. sont : *j'envoie; j'envoyai; envoyer; envoyant; envoyé, ée.* Les temps dérivés irréguliers sont : fut., *j'enverrai, etc.;* — cond., *j'enverrais, etc.*

FAILLIR, v. déf. Outre l'inf., il n'est guère usité qu'au pas. déf., *je faillis, etc.;* — et aux temps composés, *j'ai failli, j'avais failli, etc.*

FAIRE, v. irrég. Les temps primitifs sont : *je fais; je fis; faire; faisant; fait, te.* Les temps dérivés irrégul. sont : ind. prés., *je fais, tu fais, etc., n. faisons, v.* FAITES, *ils* FONT; — fut., *je ferai, etc.;* — cond., *je ferais, etc.;* — subj. présent, *que je fasse, que tu fasses, etc.*

FALLOIR, v. impers. déf. Il manque de l'impér. et du part. prés. Les autres temps sont : *il faut ; il fallait ; il fallut ; il faudra; il faudrait; qu'il faille; qu'il fallût; fallu.*

FÉRIR, v. déf. Il n'est usité qu'à l'infinit. : *sans coup férir.*

FLEURIR, v. rég. Temps primitifs : *je fleuris ; je fleuris; fleurir ; fleurissant* ou *florissant; fleuri.* (Le participe *florissant* est toujours celui qu'on emploie lorsqu'il s'agit de la prospérité d'une personne, d'un empire, des sciences, d'une chose quelconque en un mot. —On dit aussi à l'imp. de l'ind., *fleurissait* ou *florissait,* qu'on emploie indifféremment s'il s'agit de choses comme les sciences, les arts; s'il s'agit de personnes ou de peuples, on dit toujours *florissait.*)

FORFAIRE, v. déf. Il n'est usité qu'à l'inf. et aux temps composés, *j'ai forfait, etc.*

FRIRE, v. déf. rég. Outre l'infinit., il n'est usité qu'au sing. du prés. de l'ind., *je fris, tu fris, il frit;* — fut., *je frirai, tu friras, etc.;*—cond., *je frirais, tu frirais, etc.;* — à l'impér., 2e pers. du sing., *fris;* — au part. passé, *frit, ite,* et aux temps composés.

GÉSIR, v. déf. rég. Inusité à l'infinitif, on ne l'emploie plus qu'au prés. de l'ind., *il gît, n. gisons, v. gisez, ils gisent;* — à l'imp., *je gisais, tu gisais, etc.;* — au part. prés., *gisant.*

HAÏR, v. rég. Les temps primitifs sont : *je hais, je haïs, haïr; haïssant; haï.* — Remarquez que ce verbe prend deux points sur l'*i* dans toute la conjugaison, excepté aux 3 pers. du sing. du prés. de l'indic. et à la 2e pers. du sing. de l'impér. : *je hais, tu hais, il hait; hais,* qui se prononcent, *je hès, tu hès, il hèt; hès.*

JOINDRE, v. rég. Les temps prim. sont : *je joins; je joignis; joindre; joignant; joint, te.*

LIRE, v. rég. Les temps primitifs sont : *je lis; je lus; lire; lisant; lu, ue.*

LUIRE, v. déf. rég. Il manque du passé déf. et de l'imp. du subj. qui s'en forme; mais du reste il est rég. Formez donc régulièrement les temps dérivés des temps prim., qui sont: *je luis; luire; luisant; lui.*

MAUDIRE, v. rég. Les temps primitifs sont : *je maudis; je maudis; maudire; maudissant; maudit.*

MENTIR, v. rég. Les temps prim. sont : *je mens; je mentis; mentir; mentant; menti.*

METTRE, v. rég. Les temps primitifs sont : *je mets; je mis; mettre; mettant; mis.*

MOUDRE, v. rég. Les temps prim. sont : *je mouds; je moulus; moudre; moulant; moulu.*

MOURIR, v. irrég. Les temps primitifs sont : *je meurs; je mourus; mourir; mourant; mort.* Les temps dérivés irréguliers sont : *je meurs, etc., etc., vous mourez, ils* MEURENT; — fut., *je mourrai, etc.;* — cond., *je mourrais;* — subj. prés., *que je meure, que tu meures, qu'il meure, que n. mourions, que v. mouriez, qu'ils meurent.* Les temps composés empruntent l'auxiliaire ÊTRE : *je suis mort, j'étais mort, etc.*

MOUVOIR, v. rég. Les temps primitifs sont : *je meus; je mus; mouvoir; mouvant; mu.*

NAÎTRE, v. rég. Les temps prim. sont : *je nais; je naquis; naître; naissant; né.* Les temps composés prennent l'auxiliaire ÊTRE : *je suis, j'étais né,* etc.

OBTENIR, conj. comme *tenir.*

OCCIRE, v. déf. Il n'est usité qu'à l'infin.; — au part. passé, *occis, ise;* — et aux temps composés.

OFFRIR, v. rég. Les temps primitifs sont : *j'offre; j'offris; offrir; offrant; offert.*

OINDRE, conj. com. *joindre.*

OUIR, v. déf. Il n'est plus guère usité qu'à l'infin.; — au participe passé, *oui, ouie;* — et aux temps composés : *j'ai oui, j'avais oui dire,* etc.

OUVRIR, conj. com. *couvrir.*

PAÎTRE, v. déf. rég. Il manque du pas. déf., de l'imparf. du subj. qui s'en forme, et de tous les temps composés; du reste il est rég. Formez donc régulièrement les temps dérivés des temps prim. qui sont : *je pais; paître; paissant; pu* (ce dernier n'est usité qu'en terme de fauconnerie).

PARAÎTRE, v. rég. Les temps prim. sont : *je parais; je parus; paraître; paraissant; paru.*

PEINDRE, v. rég. Temps primitifs : *je peins; je peignis; peindre; peignant; peint.* Conjuguez ainsi tous les verbes en *eindre,* ou *aindre,* comme *teindre, plaindre,* etc.

PLAIRE, v. rég. Temps primitifs : *je plais; je plus; plaire; plaisant; plu.*

POINDRE, v. déf. Il n'est usité qu'à l'infinitif, et à la 3e pers. du futur, *il poindra.*

POUVOIR, v. irrég. Les temps primitifs sont : *je peux* ou *je puis; je pus; pouvoir; pouvant; pu.* Les temps dérivés irrég.

sont : fut., *je pourrai;*—cond., *je pourrais;*—subj. prés., *que je puisse, que tu puisses, qu'il puisse, q. n. puissions, que v. puissiez, qu'ils puissent.*

POURVOIR, verbe irrég. Conj. com. *voir,* excepté au pas. déf., *je pourvus;* — au fut., *je pourvoirai;* — au cond., *je pourvoirais;* — à l'imp. du subj., *que je pourvusse.*

PRENDRE, v. rég. Temps primitifs : *je prends; je pris; prendre; prenant; pris.* (Dans ce verbe et dans ses composés, comme *apprendre, comprendre,* doublez la lettre *n,* toutes les fois qu'elle est suivie d'un *e* muet : *ils prennent, que je prenne, etc.)*

PRÉVALOIR, v. irrég. Conj. comme *valoir,* excepté au prés. du subj. qui se forme régulièrement : *que je prévale, que tu prévales, etc.*

PRÉVOIR, verbe irrég. Conj. comme *voir,* excepté au futur, *je prévoirai;* — et au cond., *je prévoirais.*

QUÉRIR, v. déf. Il n'est usité qu'à l'infinitif, et avec les verbes *aller, venir, envoyer.*

RAVOIR, v. déf. Il n'est usité qu'à l'infinitif.

RECONNAITRE, conj. comme *connaître.*

RECOUDRE, conj. c. *coudre.*

RECUEILLIR, conj. comme *cueillir.*

RENAITRE, conj. com. *naître,* excepté qu'il n'a point de part. passé.

REPAITRE, v. rég. Conj. com. *paître;* mais il n'est pas défectif. Temps prim. : *je repais; je repus; repaître; repaissant; repu.*

REQUÉRIR, conj. comme *acquérir.*

RÉSOUDRE, v. rég. Temps primitifs : *je résous; je résolus; résoudre; résolvant; résolu* et *résous.* (Le part. RÉSOLU s'emploie dans le sens de *terminé, décidé;* et RÉSOUS dans le sens de *changé en, dissipé : un brouillard* RÉSOUS *en pluie.* RÉSOUS n'a pas de féminin; on y supplée par celui de *résolu.*

RIRE, v. rég. Temps prim. : *je ris; je ris; rire; riant; ri.*

SATISFAIRE, conj. c. *faire.*

SAVOIR, v. irrég. Temps primitifs : *je sais; je sus; savoir; sachant; su.* Temps dérivés irrég. : ind. prés., *je sais, etc., nous savons, vous savez, ils savent;* — imp. *je savais, etc.;* — fut., *je saurai, etc.;* — cond., *je saurais, etc.;* — impér., *sache, sachons, sachez.*

SENTIR, v. rég. Temps primitifs : *je sens; je sentis; sentir; sentant; senti.*

SEOIR, v. déf. irrég. Dans le sens d'*être assis,* il n'est usité qu'au part. prés., *séant,* et au part. passé, *sis, sise.* —Dans le sens d'*être convenable,* il n'est usité qu'aux 3es personnes des temps suivants : ind. prés., *il sied, ils siéent;*—imp., *il seyait, ils seyaient;*—fut., *il siéra, ils siéront;* — cond., *il siérait, ils siéraient.* L'infinitif *seoir* est inusité.

SOUFFRIR, v. rég. Temps primitifs : *je souffre; je souffris; souffrir; souffrant; souffert.*

SOURIRE, conj. com. *rire.*

SOUSTRAIRE, conj. c. *traire.*

SOUTENIR, conj. c. *tenir.*

SUIVRE, v. rég. Temps primitifs : *je suis; je suivis; suivre; suivant; suivi.*

SURSOIR ou SURSEOIR, v. rég. Temps prim. : *je sursois; je sursis; sursoir; sursoyant; sursis.*

TAIRE, v. rég. Temps primitifs : *je tais; je tus; taire; taisant; tu.*

TENIR, v. irrég. Temps primitifs : *je tiens; je tins; tenir; tenant; tenu.* Temps dérivés irréguliers : ind. prés., *je tiens,* etc.; *n. tenons, v. tenez, ils tiennent;* — futur; *je tiendrai,* etc.; — cond., *je tiendrais,* etc.; — subj. prés., *que je tienne, que tu tiennes, qu'il tienne, que n. tenions, que vous teniez, qu'ils tiennent.* (Dans ce verbe, on double la lettre *n* quand elle est suivie d'un *e* muet.

TRAIRE, v. déf. rég. Il manque du passé déf. et de l'imparf. du subj. qui s'en forme; mais du reste il est régulier. Formez donc régulièrement les temps dérivés des temps primitifs, qui sont : *je trais; traire; trayant; trait.*

VAINCRE, v. rég. Temps primitifs : *je vaincs; je vainquis; vaincre; vainquant; vaincu.* (Remarquez, 1º que le présent et l'imparfait de l'indic. de ce verbe sont peu usités ; 2o au

prés. de l'ind., la 3e personne du singulier se termine par un *c*; 3o devant *a, e, i, o,* on remplace le *c* par *qu* : *vainquant, nous vainquons,* etc.

VALOIR, v. irrég. Temps primitifs : *je vaux; je valus; valoir; valant; valu.* Temps dérivés irrég. : fut., *je vaudrai,* etc.; — cond., *je vaudrais,* etc.; — subj. prés., *que je vaille, que tu vailles, qu'il vaille, que nous valions, que vous valiez, qu'ils vaillent.*

VENIR, v. irrég. Conj. com. *tenir;* mais les temps compos. prennent l'auxiliaire ÊTRE : *je suis venu, j'étais venu,* etc.

VÊTIR, v. rég. Temps primitifs : *je vêts; je vêtis; vêtir; vêtant; vêtu.* (On trouve aussi *vêtissant* au part. prés., et par conséquent *nous vêtissons,* etc., *je vêtissais,* etc.)

VIVRE, v. rég. Temps primitifs : *je vis; je vécus; vivre; vivant; vécu.*

VOIR, v. irrég. Temps primitifs : *je vois; je vis; voir; voyant; vu.* Temps dérivés irrég. : fut., *je verrai;* — cond., *je verrais.*

VOULOIR, v. irrégul. Temps primitifs : *je veux; je voulus; vouloir; voulant; voulu.* Temps dérivés irrég. : fut., *je voudrai;* — cond., *je voudrais;* — imp., *veux, voulons, voulez,* et plus souvent *veuilles;* — subj. prés., *que je veuille, que tu veuilles, qu'il veuille, que nous voulions, que v. vouliez, qu'ils veuillent.*

II.

REMARQUES PARTICULIÈRES

sur certains verbes de la 1re conjugaison.

I. Les verbes en *cer*, comme *avancer, forcer*, prennent une cédille sous le c devant *a* et *o*. Ex. : AVANCER fait *j'avançais, nous avançons*, etc.

II. Les verbes en *ger*, comme *manger, songer*, prennent un *e muet* après le *g* devant *a* et *o*. Ex. : MANGER fait *je mangEais, nous mangEons, que je mangEasse*, etc., et non pas *je mangais, nous mangons*, etc.

III. Les verbes qui ont à l'avant-dernière syllabe un *e muet*, comme *lEver, mEner*, ou bien un *é fermé*, comme *espérer, régner*, les changent en *è ouvert* devant une syllabe muette. Ex. : ESPÉRER fait *j'espère, j'espèrerai*, etc., avec l'è ouvert ; mais il fait avec l'é fermé : *nous espérons, il espérait*, parce que la syllabe qui suit l'é n'est pas une syllabe muette. — De même : LEVER fait *je lève, je lèverai*, etc., avec l'è ouvert ; mais il fait avec l'e muet : *nous levons, il levait*, etc.

Remarquez 1° que les verbes en *éger*, comme *abréger*, conservent toujours l'é fermé : *J'abrége, ils abrégeront*, etc.

Remarquez 2° que les verbes en *eler* et *eter* comme *appeler, jeter*, doublent la consonne *l, t*, devant une syllabe muette, au lieu de changer l'*e muet* en *è ouvert*. Ainsi APPELER fait *j'appelle*, et non pas *j'appèle* ; JETER fait *ils jetteront*, et non pas *ils jèteront*, etc.

IV. Les verbes en *éer*, comme *créer, agréer*, prennent régulièrement deux *e* de suite à tous les temps où la terminaison commence par un *e muet* : Ex. : CRÉER fait régulièrement *je créé, ils créént*, etc. Au participe passé féminin, ils prennent même trois *e* : *créée, agréée*, etc.

Remarquez, sur les verbes des quatre conjugaisons, en général, que si le participe présent est en *iant* ou *yant*, il faut observer deux choses :

1° A la 1re et à la 2e personne du pluriel de *l'imparfait de l'indicatif* et du *présent du subjonctif*, mettez toujours deux *i* (ii) si le participe présent est en *iant*, et un *y* suivi de *i* (yi, s'il est en *yant*. Ainsi PRIER, *priant*, fera : *nous PRIIONS, vous PRIIEZ*, etc. ; — EMPLOYER, *employant*, fera : *que nous EMPLOYIONS, que vous EMPLOYIEZ*, etc.

2° Dans les verbes dont le participe présent est en *yant*, changez de plus l'*y* en *i*, lorsqu'il est suivi d'un *e muet*. Ainsi FUIR, *fuyant*, fera : *ils FUIENT, que je FUIE*, etc. Cependant il est d'usage de conserver l'*y* avant l'*e muet* dans les verbes en *ayer* et *eyer*, comme *payer, grasseyer*, et d'écrire : *ils payent, ils grasseyent*, etc.

TABLE DES MATIÈRES.

PETITE SYNTAXE.

APPENDICE.

DIJON. IMP. PEUTET-POMMEY.

www.ingramcontent.com/pod-product-compliance
Ingram Content Group UK Ltd.
Pitfield, Milton Keynes, MK11 3LW, UK
UKHW020315130726
13696UKWH00003B/1074